Kabbelsee

„Ich werde wohl genöthigt seyn, mich wieder etwas in die Welt hinauszuwerfen, zu meinem physischen und moralischen Wohlbefinden"
Seume an Karl August Böttiger am 13.03.1805

Bernd O. Wagner

Kabbelsee

Mein Sommer mit Seume

Grafiken von Siri Köppchen

*Bibliografische Information der Deutschen Nationalbibliothek:
Die Deutsche Nationalbibliothek verzeichnet diese Publikation in der Deutschen Nationalbibliografie; detaillierte bibliografische Daten sind im Internet über http://dnb.dnb.de abrufbar.*

© 2015 Bernd O. Wagner • D-04668 Grimma-Kössern
  www.meilen-traeume.de / info@meilen-traeume.de

Umschlaggestaltung / Grafiken: Siri Köppchen • 09306 Rochlitz

Herstellung und Verlag: BoD - Books on Demand, Norderstedt

ISBN: 978-3-7392-1234-0

INHALT

AUFTAKT	7
ZWISCHENSPIEL	11
AUFBRUCH	13
POLEN	18
LITAUEN	29
LETTLAND	36
ESTLAND	47
RUSSLAND	54
FINNLAND	79
ÅLAND	97
SCHWEDEN	102
DÄNEMARK	129
ABSCHIED	139
WAS ICH DIR ERKLÄREN MUSS	142
MENSCHEN • ORTE • DINGE	149
DEIN KURZES LEBEN	195
WAS ICH VON DIR UND ÜBER DICH LAS	198

*Meiner
lieben Petra
gewidmet*

November 2015

AUFTAKT

Im Lehrplan kam er nicht vor.
Niemand von uns vermisste Johann Gottfried; wir hatten genug zu tun mit den Merseburger Zaubersprüchen, dem Nibelungenlied und Walther von der Vogelweide. Mit Luther und Grimmelshausen, Gellert, Gottsched und Klopstock, mit Lessing und den ganz Großen: Goethe, Schiller, Heine, auch den Brüdern Grimm und E. T. A. Hoffmann.
Die Liste ließe sich fortsetzen, hin zu Weltenwanderern wie Becker, Kunze, Kunert, und zu den Dagebliebenen, von Kant über Heym bis Wolf.
Vier Jahre habe ich die Erweiterte Oberschule „Gotthold Ephraim Lessing" zu Erfurt besucht, von 1964 bis 1968. Es war die einzige Stätte meiner Ausbildung, derer ich mich mit Freude und Rührung erinnere. Dort wehte ein Geist des Humanismus, der Güte, des gedeihlichen Lernens, und wir spürten die Liebe der Lehrer zu ihrem Beruf und zu uns Schülern. Lerneifer, Pünktlichkeit, Ordnung, Achtung voreinander wurden gelebt und prägten die Zeit, in der ein Mensch nach Orientierung und nach Werten sucht.
Die Ideologie jener Zeit predigte das Eins-Sein mit Staat und Gesellschaft; ich destillierte mir das „Nie wieder Krieg - nie wieder Faschismus" heraus. Vater war schwer gezeichnet aus dem bislang letzten großen Gemetzel zurückgekehrt, er hatte sein Lachen in Stalingrad und seine Gesundheit in Jugoslawien gelassen. Großvater lernte Buchenwald kennen; er äußerte Mitte 1941 öffentlich, was man Bismarck zuschreibt: „Führt niemals Krieg an zwei Fronten. Und führt niemals Krieg gegen Russland."
An unserer Schule herrschte ein offenes Klima: Die Hoffnungen nach dem VI. Parteitag, der ein kulturelles und ökonomisches Tauwetter versprach, waren zu Beginn meiner Oberschulzeit noch nicht vom Hagelsturm des unseligen 11. Plenums atomisiert worden.
Herr Preuß, der Deutschlehrer, kam so daher, wie er hieß: dürr, lang, scharf geschnittenes Gesicht und strenger Scheitel. Er strahlte Disziplin aus, wo er stand und ging. Der Standardgruß „Freundschaft" zu Stundenbeginn klang bei ihm wie „Stillgestanden". Freigiebig vergoss er sei-

nes Wissens Füllhorn über uns. Er verlangte, dass wir den Stoff aufnehmen und durch unsere Hirne jagen, ebendort individuell analysieren, interpretieren und zu etwas Neuem synthetisieren. Auf seine Meinung bestand er dabei nicht, nur auf Fleiß und Denken und dem Maß an Eloquenz, das einem Oberschüler angemessen ist.
Nun führte ich schon damals eine spitze Zunge und eine ebensolche Feder, das machte mich ihm wohl interessant. Er empfahl mir, einem Herrn Seume, Johann Gottfried, mein Augenmerk zu widmen, vielleicht einmal über ihn zu referieren. Auf diese Weise könne man doch der geneigten 15-jährigen Zuhörerschaft der Klasse 10 b_2 ein paar Grundkenntnisse über diesen Wanderer, Chronisten und Willensstarken vermitteln. Mein komödiantisches Talent würde den trockenen Stoff sicher bereichern. Wer kann da schon „Nein" sagen? Nun musste ich mich informieren.
Mein Wissensstand zum Thema: Der Dichter zierte eine 5-Pfennig-Briefmarke von 1963, erschienen anlässlich seines 200. Geburtsjubiläums. Mit einer Syrakus-Spaziergangs-Grafik; Seume in Gehrock und Zylinder vor einer italienischen Kulturlandschaft auf senffarbenem Hintergrund.
Die ehrwürdige Universitätsbibliothek zu Erfurt kannte ich gut, die Schöne in der Präsenzabteilung hatte mir schon manch Exotisches ausgegraben und herangeschleppt.
Nun also Seume. So richtig warm wurde das realsozialistische deutsche Ländlein mit ihm wohl nicht, dem „Spaziergänger", der seinem Freiheitsdrang und seiner Meinung ungestümen Lauf ließ.
Die Literatur über ihn erwies sich als dünn. Von Kurt Arnold Findeisen gab es zwei Bücher.
Zuerst griff ich zu „Seume - Wanderer, Soldat, Patriot", einem Traktat von 1938. Eigentlich aus dem Giftschrank und somit nicht für die Öffentlichkeit bestimmt, aber ... nun ja, die Bibliothekarin. Der Verfasser gurgelte im Vorwort einen seiner Zeit gemäßen Satz heraus: „Es ist ein wundervolles Bewußtsein, daß das Deutsche Reich, das damals nur in Seumes Herzen lebte, heute in machtvoller Wirklichkeit dasteht". Und das auf dem Höhepunkt von Hitlers Herrschaft. Da mochte ich seinen gewichtigen Wälzer von 1953 „Eisvogel. Der Roman Johann Gottfried

Seumes" gar nicht erst aufschlagen und gab der hübschen Bibliotheksfrau beide Bücher zurück.
„Seume - ein Lesebuch für unsere Zeit" aus dem Jahre 1954 gefiel mir schon besser. Ob und in welcher Weise das Werk Seumes vom Verlag gefiltert und filetiert wurde, wusste ich nicht, aber dass es schwer verdaulich für einen juvenilen Literaturnovizen ist, das tat sich mir auf. Die Wagenladungen an fremdsprachigen Zitaten und die Myriaden von Bezugnahmen auf mir unbekannte Zeitgenossen überforderten mich maßlos. Das Wort GOOGLE war noch nicht in der Welt. Wäre es bei Seume vorgekommen, hätte ich davor genau so resigniert wie vor dem

„Sed quam misere ista animalcula excruciare possint, apud nautas expertus sum …".

Was unklar blieb: Warum duzt er alle Welt? Wo doch zu seiner Zeit der Stand, der dazu gehörende stolze Titel und das Ihr und das Er in aller Munde waren?!
Fernweh und Wanderlust wurden in mir angesichts der schweren Kost nicht wach.
Mutlos blätterte ich noch im Oskar-Planer-Wälzer von 1898, dem Ur-Werk aller Seume-Forschung, auch das vermochte mich nicht zu fesseln. Die Namen und Details flogen mir um Augen und Ohren, ich schlug den Band zu und das Vorhaben in den Wind.
Vertrauensvoll suchte der verhinderte Seume-Kenner guten Rat bei Herrn Preuß, nach der Deutschstunde im Klassenzimmer und abends auf einer Parkbank in der Erfurter Aue. Damals ging das noch, ohne dass ein Lehrer der Päderastie verdächtigt oder gar bezichtigt wurde. Er trug zu allem äußerlichen Übel auch noch kurze Popelinehosen, weiße Socken und graue Sandalen. Mit über sechzig Jahren.
Auf das Referat hatte ich keine Lust mehr. Sollte ich das Resultat meiner Recherchen auf die Erkenntnis reduzieren, dass der bekannte Spruch: „Wo man singt, da lass' dich ruhig nieder, böse Menschen haben keine Lieder" vom Kollegen Volksmund aus einer Strophe des Seume-Gedichts „Die Gesänge" versimpelt wurde?

„Wo man singet, lass dich ruhig nieder,
Ohne Furcht, was man im Lande glaubt;
Wo man singet, wird kein Mensch beraubt;
Bösewichter haben keine Lieder."

Das würde den Alten Preußen nicht zufriedenstellen. Mich auch nicht. Ich war überfordert. Mein Scheitern gab ich unwillig, aber ehrlich, zu. Die bloße Biografie Seumes bot uns beiden nicht genügend Stoff für eine Deutschstunde und so wurde ich mit gnädigem Nicken verabschiedet. Zwei Sätze sagte Herr Preuß noch: „Wagner, Sie rezitieren in der nächsten Stunde aus der Dreigroschenoper die ‚Seeräuber-Jenny'; aber frei von Komik, falls Ihnen das gelingt. Und der Seume - der wird Sie eines Tages schon noch beschäftigen." Die erste Sentenz beinhaltete die Höchststrafe, die zweite hielt ich für irrelevant.
Dass der Aufbau-Verlag im Jahre 1977 Seumes Werke in zwei Bänden herausbringen würde, konnte ich ein Dezennium zuvor beim besten Willen nicht ahnen.
Als das geschah, bemerkte ich es nicht, denn ich hatte inzwischen ganz andere Interessen. Johann Gottfried musste noch 35 Jahre warten.

ZWISCHENSPIEL

Das Leben schwabbelte vor sich hin. Erste Liebe, zweite Liebe, Abitur, erstes Kind, Studium, Heirat, Diplom, Dienstantritt in Steingrau (Ihr entsinnt Euch: „Nie wieder Krieg"), erste Wohnung, zweites Kind, zweite Wohnung, Feinschliff in Moskau, Wende, zweimal zwei Jahre ein Streit bis aufs Messer mit dem Sensenmann, Scheidung, Umzug ins Muldenland, zweite Ehe.
Langsam kam Ruhe in die Seele. Johann Gottfried schlummerte sanft in irgendeiner Hirnlade, keine aktive Synapse schnüffelte in der Nähe herum.
Herr Seume ist schon lange tot, Herr Preuß auch. Aber mir war ersterer nicht ganz fern, in Grimma hält man ihn in hohen Ehren und irgendwann trieb es uns in das Haus am Markt, in dem er lebte und arbeitete. Der Startgarten für den Syrakus-Spaziergang, Landsitz seines Freundes Göschen, liegt in Hohnstädt, im Norden der Stadt.
Das Pennäler-Deutschstunden-Ereignis war zur Anekdote geschrumpft und dennoch - der zweite Satz meines Lehrers zeugte von seiner Gabe der Präkognition.
Mit der Weisheit von sechs Jahrzehnten im Nacken begann ich zu lesen und entdeckte einen frühen Europäer. So manche Frage blieb offen. Trotz GOOGLE und WIKIPEDIA.
Er spricht jeden mit dem vertrauten Du an - also auch mich, das hat etwas Skandinavisches. „Du" sagt man zum Nahestehenden, zum Bekannten, zum Interessengenossen; es entspringt der Zuneigung, der Gewohnheit, dem Brauchtum oder dem Alkohol.
Das alles machte mich neugierig, dem wollte ich auf den Grund gehen.
Johann Gottfrieds Werk kann man nicht lesen wie einen Roman oder studieren wie einen Baedeker. Es floss viel Wasser durchs Muldental, bis ich ein paar seiner Bücher intus hatte.
Ein Stolpern vom Begriff zur Erkenntnis, vom Aphorismus zum griechischen Zitat. Anstrengend - das soll wohl so sein. In einigem muss man ihm heute wohl widersprechen, in noch mehr zustimmen, so manche Unschärfe sollte diskutiert sein. Mit wem? Mit seinen gelehrten Inter-

preten? Oder mit Dilettanten, wie ich einer bin. Dass ein Dilettant ein Stümper ist, sah man zu Seumes Zeiten noch anders.

Es schien mir fruchtbringend, mit Johann Gottfried ins Persönliche zu treten. Die Reiselust verbindet uns, obwohl mein einst ungestümer Drang zu Fußwanderungen seit vielen Jahren gezähmt ist.

Wie wäre es, seine Routen von 1805 erneut zu kreuzen, im Wortsinne, und ihn auf einen Törn um die Baltische See mitzunehmen, auf dass er Rede und Antwort stehen kann - mit Gedanken, die in seinen vielen Werken festgeschrieben sind?

Ich frage ihn, er wird sich ohnehin nicht wehren können.

Wir werden unsere Sichten auf Menschen, Orte und Dinge diskutieren, Meinungen austauschen und gewiss manches Mal einander kabbeln: uns freundlich streiten.

Kabbeln wird auch das Meer, kleine spitze Wellen aus den Strömungen und aus den Winden formen, die aus verschiedenen Richtungen kommen; genau wie unsere Argumente.

Die Kabbelsee wird uns tragen, bewegen, zum Ziel bringen, kurz: Symbol unseres Segelsommers sein.

Eine phantastische Reise steht bevor - im Wortsinn.

AUFBRUCH

Gesagt, gefragt, getan. Machen wir uns einen neuen Sommer, nicht 1805, doch genau zweihundertundzehn Jahre später. Festhalten werde ich unsere Erlebnisse, nicht stur den zweifelhaften Vorgaben der letzten Schreibreform folgend, sondern meinem Sprachgefühl.
Johann Gottfried soll mit seinen eigenen Worten sprechen, jeweils so geschrieben, wie ich es in den Büchern fand, hier und da ganz behutsam dem Jetzt angepasst.
Bleibt noch das „Du". Auf See ist es ohnehin Sitte, die Förmlichkeiten wegzulassen. Dann halten wir es einfach so und ersparen uns die Qual der Anrede. Wir - nur zu zweit: Du und ich, zweimal Ich, zweimal Du.
Ausreden wegen mangelhafter Qualifikation zählen nicht. Deine maritimen Fähigkeiten wurden Dir anno 1782 von höchster Instanz bescheinigt - im Hafen zu Halifax:

Als ich vom Schiffskapitän Abschied nahm, drückte er mir mit herzlicher Freundlichkeit die Hand.
»It is a pity, my boy«, sagte er, »you do not stay with us; you would soon become a very good sailor.« »Heartily I would«, sagte ich, »but you see, it is impossible.« »So it is«, rief er, »God speed you well!«

Wenn ein britischer Seelord derlei spricht, dann bedeutet das den maritimen Ritterschlag und gilt weit über den Tod hinaus.
Die Wanderung unter den weißen Tüchern hebt an. Vor das Ablegen ist das Bunkern gesetzt. Der Proviant soll Leib und Seele zusammenhalten. Hast Du Besonderes auf der Liste?

Ich trinke keinen Wein, keinen Kaffeeh, keinen Liqueur, rauche keinen Tabak und schnupfe keinen, eße die einfachsten Speisen, und bin nie krank gewesen, nicht auf der See und unter den verschiedensten Himmelstrichen.

Das spricht für Dich. Auch ich werde nicht seekrank, wiewohl mir Dein Asketentum fremd ist. Ganz so ernst hast Du es auch nicht immer genommen:

Rum wurde gegeben und zuweilen etwas Bier, welches dem Porter ähnlich war und bei den Matrosen strong beer hieß. Da ich den ersten nicht genießen konnte, tauschte ich ihn gegen das letzte aus, welches mir Wohltat war. Zuweilen wurde mir auch eine Flasche Porter zugesteckt, da ich am Wein durchaus keinen Geschmack fand.

Auf dem Weg nach Syrakus klang es schon so:

Hier in Znaim mußte ich zum ersten Mal Wein trinken, weil der Göttertrank der Germanen in Walhalla nicht mehr zu finden war. Der Wein war, das Maß für vierundzwanzig Kreuzer, sehr gut, wie mich Schnorr versicherte; denn ich verstehe nichts davon, und trinke den besten Burgunder mit Wasser wie den schlechtesten Potsdamer ...
In Prewald gab man mir zuerst Görzer Wein, der hier in der Gegend in besonders gutem Kredit steht und es verdient. Er gehört unter die wenigen Weine, die ich ohne Wasser trank, welche Ehre, zum Beispiel, nicht einmal dem Burgunder widerfährt.

Man soll wohl nie „Nie" sagen. In der Not trinkt der Seume auch mal Wein. Und es entwickelt sich weiter auf dem Spaziergang nach Sizilien. Schön. Er ist ein Mensch wie Du und Er und ich. Heine hatte später ja auch Probleme mit Wasser und Wein, allerdings bei den Weisen und Texten und Herren Verfassern im Caput I des „Wintermärchens".
Anfang Mai geht es los. Ab Rügen, der größten deutschen Insel. Zu Deiner Zeit gehörte sie zu Schweden, wurde erst nach dem Wiener Kongress preußisch. Metternichs großer Auftritt blieb Dir erspart, da ruhtest Du bereits fünf Jahre in böhmischer Erde.
Schon früher verlor Gustav IV. Adolf ganz Pommern an Frankreich und Finnland an Russland. Außer seiner bedeutenden Nase hatte dieser Kö-

nig wohl nichts Besonders an sich, wurde zur Abdankung gezwungen und damit war es aus mit der Linie Holstein-Gottorp auf dem Schwedenthron. Er hatte sein Ohr nicht am Volk und nicht an seinen Ständen.

Wo das Volk keine Stimme hat, steht's auch um die Könige schlecht, und wo die Könige kein Ansehen haben, steht's schlecht um das Volk.

Wahr hast Du gesprochen. Gut, dass die Könige in deutschen Landen ausgedient haben. An ihre Stelle sind die Regierungen mit ihren Ministern getreten.

Man irrt sich oft jämmerlich, wenn man den Ministern in ihren öffentlichen Verhandlungen vernünftige Konsequenz unterlegt. Die Folge zeigt bald, daß es Schwachheit war, was wir für ordentlichen Plan zu halten geneigt waren. Die Schwachheit wird dann Feigheit, die Feigheit Schurkerei, die Schurkerei Elend, das Elend Verderben.

Starker Tobak, Seume. Denkst Du ans aktuelle Hellas oder die neue Völkerwanderung? Lenke ich mit dieser Frage ab von Schwächen in unserem Dunstkreis? Karl-Theodor Maria Nikolaus Johann Jacob Philipp Franz Joseph Sylvester Freiherr von und zu Guttenberg wäre so ein Fall. Ich weiß, Du kennst ihn nicht, den Mann mit der gewaltigen Ahnen- und Vornamenreihe, und hierzulande ist er auch schon fast vergessen. Lassen wir das.
Unser Schiff ist klein und bietet Platz für zwei. Nicht viel und doch genug Raum für Selbst- und Zwiegespräche.
Meine erste Frage, als die Küste schwindet: Wie fühlst Du Dich?
Für mich, den Skipper, ist Seefahrt voll von Muße und Anspannung, Freiheit und Disziplin, Sinnen und Handeln, Tun und Nichtstun, Vorfreude auf Unbekanntes und Hoffnung auf Bewährtes, Denken und Gedankenlosigkeit, Verantwortung und Loslassen.
Es wird stürmisch auf der Überfahrt von Rügen an die Pommernküste, ich bleibe hellwach. Aiolos brüllt sein Lied aus Richtung Ost, sechs Beaufort zeigt das Instrument, das sind 25 Seemeilen in der Stunde o-

der sechs Deiner Landmeilen. Sagt Dir „Beaufort" etwas? Er war Hydrograf der britischen Admiralität und sorgte für gute Seekarten, auf dass die Royal Navy sicher in ihre Schlachten segeln konnte. Nach ihm benannte man später die Skala der Winde und ihrer Wirkung auf die See, wiewohl er an deren Definition, ein Jahr nach Deinem skandinavischen Sommer niedergeschrieben, nur geringen Anteil nahm.
Dich lässt das alles sichtlich kalt.

Der Wind ging stark und die See hoch, aber ich schlief gut: man erkannte gleich daraus und aus meinem festen Schritt auf dem Verdeck, dass ich schon ein alter Seemann sein müsse.

Donnerwetter, Du als mein Vorbild?! Oder schätzt Du die Gefahr gering, obgleich Du so manches Mal in wenig beneidenswerter Lage warst und weißt, dass nicht immer ein Ausweg winkt?
Schlafen bei Gefahr, das kann ich nicht. Dennoch war ich bislang frei von Furcht in solchen Verhältnissen und brachte Schiff und Besatzung heil heraus. Sehr, sehr viel später, oftmals nach Tagen und in schweren Träumen, erlebte ich das Ganze noch einmal, badete in meinem Schweiß und lauschte dem donnernden Herzklopfen. Ich malte mir aus, was alles hätte passieren können. Ein Segen, dass es so ist; der umgekehrte Ablauf wäre fatal gewesen.
An Steuerbord gleitet die Greifswalder Oie vorbei. Wir satteln unser Steckenpferd: Begriffe erklären. Auf Dänisch, Schwedisch, Norwegisch heißen Inseln Ö oder Ø oder Oj. Oder so. Das winzige Eiland war auch mal dänisch. Soviel zu diesem Stück Erde.
Pommern klettert über die Kimm. Das Land und sein Name fühlen sich deutsch an. Es klingt nach Stettin, Bromberg, Rügenwalde, Köslin und Greifenberg, nach Deutschem Orden und Stolpmünde.
Dabei wurde es erst preußisch, als es Dich nicht mehr gab. Zuvor prügelten sich Rugier und Goten, slawische Zirzipanen und Tollenser, polnische Piasten und Dänen, Brandenburger und Sachsen, Böhmen und die polnisch-deutsche Greifendynastie, Schweden und schließlich Franzosen um den Landstreifen. Beim Wiener Kongress schenkte Preußen

den Dänen das Ländchen Lauenburg an der Elbe, zahlte die dänischen Kontributionen an Schweden und bekam dafür Pommern. Einhundertdreißig Jahre blieb es so, bis der zweite apokalyptische Reiter über den Kontinent herfiel. Als er wieder davondonnerte, war Pommerland abgebrannt, noch bevor der Maikäfer flog. Seitdem ist Vorpommern deutsch und Hinterpommern polnisch. Nur der Name ist geblieben, ein slawischer: „po more" - „am Meer". Was meinst Du dazu?

Die Etymologie ist das beste Studium, die Schreckgespenster der heiligen und profanen Gaunerei loszuwerden.

Sag' ich doch. Aber auch Hobby-Etymologie kann schiefgehen: Die Landpomeranze hat nichts mit Pommern zu tun, auch wenn es so klingt. Pomum aurantium ist Pseudolatein für die Bitterorange (Citrus aurantium L.), ein goldfarbenes Früchtchen, dessen Form und Farbe an die Apfelwangen hübscher, jedoch mit mangelnder Bildung begnadeter Dorfmädchen erinnert.

POLEN

Im polnischen Hinterpommern machen wir fest. Kolberg heißt der Hafen.
Die Einfahrt gibt sich wackelig. Die Persante ist nur ein kleiner Fluss, bringt aber einen bemerkenswerten Strom zustande. Was hier bei stark auflandigem Wind lostoben wird, lässt sich ausmalen. Das muss man nicht haben.
Komm, Johann Gottfried, gehe über, springe an Land und ziehe das Schiff fest an die Pier. Auch wenn es Dir widerstrebt.

Die Gesellschaft mochte doch aus meiner Wortfügung und der Art, sie zu sagen, schließen, daß ich nicht so ganz ein Burlak sein könnte.

Keine Bange, wer am Festmacher zieht, ist noch lange kein Treidler! Zudem gibt es an Bord eine Hierarchie, auch wenn man nur zu zweit ist. Skipper's Word Is Law. Und sprich mir nicht von Tyrannei. Auf See ist die Welt noch in Ordnung.

Die Gerechtigkeit bringt reine Ordnung, aber man möchte uns gar zu gern jede dumme Ordnung für Gerechtigkeit verkaufen.

Musst Du immer das letzte Wort haben?
Bei Deinem letzten Besuch gab es kein Polen mehr. Dreimal war es geteilt worden in Deiner Lebenszeit und zerfetzt zwischen Preußen, Österreich und Russland. Jedes Land, das sich verkleinert sieht oder die Staatlichkeit verliert, versinkt erst einmal in Apathie und Orientierungslosigkeit, sucht nach dem Selbst und nach Wegen, sich treu zu bleiben. Das kann lange dauern und Folgen haben.

Im Ernst glaube ich, daß jetzt eine Reise durch Polen mit Ehren für einen nicht kleinen Feldzug gelten kann. Die Bequemlichkeiten für Reisende haben besonders seit der letzten Staatsveränderung oder Staatsvernichtung noch beträchtlich abgenommen. Das scheint vielleicht unmöglich zu sein; aber es ist doch wahr. Ich kann die Vergleichung sehr wohl ziehen, da ich ehemals das Land unter Stanislaus Poniatowsky in verschiedenen Richtungen verschiedenemal durchreist bin.

Ich sah kürzlich Serbien und Makedonien, die Länder sind „Diminutivnatiönchen" - wie Du es nanntest - übrig geblieben oder abgerissen vor zwei Jahrzehnten vom einstmals stolzen Jugoslawien. Ein Feldzug war meine Reise wahrlich nicht, doch fand ich nur noch eine dünne Kruste der Zivilisation. Hoffnungslosigkeit, Verfall und Ruinen allerorten, nur in den winzigen Exklaven der großen Vermögen protzten Villen von erschreckender Geschmacklosigkeit, einem plötzlichen Reichtum entsprungen, dem Kultur fremd ist.

Der Staat sollte die Wohlhabenheit aller zu befördern suchen, befördert aber nur den Reichtum der einzelnen.

Auf dem Balkan sieht man das deutlich, woanders ist es wahrscheinlich besser getarnt.
Wir sind erstaunt, entsetzt, empört über die vielen Kosovaren, die jetzt zu uns kommen. Vor Jahren konnte Deutschland nicht drängend genug die Unabhängigkeit des Landstrichs fordern, die Loslösung von Serbien. Dabei wusste man schon vom Tun der UÇK, die sich als Befreier gerierte und Geld aus Drogen schöpfte. Doch Serbien ist der große Gegner, und der Feind meines Feindes ist mein Freund. Das Roosevelt-Wort vom Bastard, der unser Bastard ist, liegt auch heute ganz oben in der Werkzeugkiste der abendländischen Demokratie. Man hat das Gefühl, das Geschehen im Sarajevo von 1914 sei immer noch nicht verziehen. Dabei wurde die Stadt doch 80 Jahre später wohl genug gestraft. Kann man eine Stadt bestrafen? Und wofür? Stelle diese Frage in Rotterdam, in Coventry, in Hamburg und in Dresden.
Die Menschen, die jetzt aus den zusammenbrechenden Staaten zu uns fliehen, wissen sicher nicht um den Anteil der „westlichen Zivilisation" an ihrem Elend. Wissen wir darum?

Nun aber Polen. Nach Deiner Reise brauchte es noch 140 Jahre, um wieder Staat zu werden. Du warst ohnehin skeptisch und sehr deutlich in Deiner Meinung.

Die Polen hängen mit Schwärmerei an dem Andenken vergangener Zeiten und ergreifen jeden Schimmer zur Hoffnung einer Auferstehung ihres Vaterlandes.

Aber:

Wenn Polen wieder hergestellt werden sollte, gibt es einen erbärmlichen König, elende Bauern und unvernünftige Magnaten und Edelleute. Das liegt notwendig in dem dortigen Stocksklavensystem. Man bindet einer Halbnation einen politischen Weichselzopf ein.

Damals hattest Du Dir mit Deinem „Sommer" Probleme eingehandelt - wegen der Beschreibung deutscher Zustände. Heute wärest Du mit obiger Sentenz an der politischen Korrektheit gescheitert und die Feuilletons aller Couleur hätten sich an Dir abgearbeitet. Feuilleton heißt wörtlich „Blättchen". Nomen est omen.
Zudem glaubtest Du ans Panslawische.

Übrigens ist mehr Verwandtschaft zwischen den Polen und Russen, da sie Völker eines und desselben Stammes sind, sich sogleich leidlich verständlich gegeneinander erklären und sich bald als Brüder ansehen. Auch mag bei vielen der geheime Wunsch, unter einem einzigen Zepter zu stehen, mitwirken, weil sodann die Hoffnung zum Wiederaufleben des Staats aus vielen Gründen größer wird.

Das ist gründlich danebengeraten, mit und ohne Zepter.
Die beiderseitigen Vorurteile zwischen Russen und Polen, die ihre Wurzeln auch in religiösen Divergenzen (hie orthodox, da katholisch) haben, wurden gepflegt und vertieft. Die Zarenzeit mit ihrer sprichwörtlichen Knute, der polnische Sieg im Krieg mit Sowjetrussland

nach der Oktoberrevolution, der Hitler-Stalin-Pakt und die unrühmliche Rolle der Roten Armee beim Warschauer Aufstand waren einer guten Nachbarschaft nicht förderlich. Heutzutage stehen sich diese Slawenbrüder eher feindlich gegenüber.
Wir folgen Deinem Wunsche nach einem Spaziergang zum backsteingotischen Mariendom und zur Alten-Fritz-Festung mit der Hafenbastion Münde. Mir scheint, es gefällt Dir hier. Polen kennst Du von der Landseite, Warschau sahest Du und Białystok, das Du Bialastock nennst, in Deinem Sommer 1805.
Die Stadt Kolberg wurde zwei Jahre später vom jungen Gneisenau, von Schill und von Nettelbeck gegen die Franzosen verteidigt, bis zum Frieden von Tilsit. Dieses Geschehen musste am Ende des Zweiten Weltkrieges dafür herhalten, im aufwändigsten Film der Nazizeit zum Durchhalten aufzufordern. Heinrich George hat für die Hauptrolle teuer bezahlt.
Colberg schrieb man früher. Du bist gegen das „vornehme" C im Namen.

Könnern will ich schreiben und Köthen und Köln und Kölleda, nach den Gesetzen der Aussprache.

Recht hast Du. Es können die Tabakanpreiser noch heute „Cigarette" und „Cigarre" schreiben, davon wird das Kraut nicht besser. Beim „Caffè" gilt ähnliches.
Seetage machen müde und selbst Dir vergeht die Spazierlust. So schwatzen wir ein wenig auf dem Achterdeck, lernen uns besser kennen und verstehen.
Apropos Wanderlust. Bevor ich mir Deine Werke tiefer ins Gemüt schob, war eine Sentenz schon eingeprägt: „Es ginge alles viel besser, wenn man mehr ginge". Schlecht zitiert - oft verwendet. Vor allem von Leuten, die Wanderschuhe verkaufen wollen.
Du schreibst, dass Du im Sommer 1805 nur sehr wenig - im Vergleich zur Syrakus-Tour - gegangen seiest.

Diesmal habe ich nur den kleinsten Teil zu Fuße gemacht; ungefähr nur hundertundfünfzig Meilen.

Nun waren zu Zeiten Deiner Wanderungen Meilen nicht gleich Meilen. Die französische Revolution gebar neben Freiheit, Gleichheit, Brüderlichkeit, der Guillotine und Kaiser Napoléon auch den Code civil und das Meter. Außer den Feldzügen des Diktators war im restlichen Europa von alldem erst viel später zu spüren.
Nun wollen wir nicht kleinlich um Maße feilschen. Die sächsischen Meilen waren irgendwie zwischen sieben und neun Kilometer lang, die oldenburgischen brachten es auf zehn und die schwedischen auf fast elf Kilometer. Wie meinst Du ganz richtig:

Die schwedischen Meilen sind bekanntlich verdammt groß ...

Rechnen wir einmal großzügig für die Seumesche Durchschnittsmeile acht Kilometer, so ist der „kleinste Teil" der Sommerwanderung rund 1.200 Kilometer lang. Das will gelaufen sein.
Ich habe einmal Google Maps bemüht, insgesamt zerrte sich die Tour auf 5.500 Kilometer. Chapeau! Grob gerechnet: jeden Tag hast Du rund 30 Kilometer hinter Dich gebracht..
„Google"? Dein Auge glänzt neugierig. Ja, wie erkläre ich es Dir? Man könnte es als kleinliche Rache abtun für „Eupatriten" und „Parergon", mit denen Du mich vor Jahrzehnten schon auf den ersten Seiten außer Gefecht setztest. Aber so nachtragend will ich nicht sein.
Google ist die verballhornte Bezeichnung für eine Eins mit hundert Nullen, genannt das Googol, in die Welt gesetzt vor 80 Jahren von einem Nordamerikaner, und es gilt als Symbol für die Unendlichkeit des Wissens. „Maps", die Landkarten, sind Dir nicht fremd. Man kann sich heutzutage jegliches Kartenstück des Erdenrunds vors Auge holen, scheinbar von Aither gesendet. Erebos und Nyx können stolz auf ihren Sohn sein.
Es Dir sachlich zu erklären, das braucht Geduld und Mühe. Selbst die Elektrizität war noch Theorie und praxisuntaugliches Experiment zu Deiner Zeit. Hast Du je gehört von du Fay, Franklin, Galvani und Volta?

Dass der Bernstein bei den Griechen ἤλεκτρον heißt, ist Dir geläufig. Doch Internet und Computer - davon trennen Dich acht Generationen. Cookies würdest Du essen wollen. Ich zeige Dir das Ganze in praxi, unter Deck, wenn wir ergründen, wie morgen die Winde wehen. Erschrick nicht, ein Computer ist kein Hexenwerk, nur einer der Urururnachfahren eures Telegrafen. Das waren hohe Türme, welche schwenkbare Arme trugen, mit deren Hilfe man Zeichen darstellte, die vom nächsten Turm aus gesehen und weitergegeben werden konnten. Einige Leuchttürme an der Côte d'Azur tragen noch den traditionellen Namen: Semaphor. Es versteht trotzdem heute niemand mehr, was Du notierst:

Das alte Schloß hat einen Telegrafen, von dem ich nicht weiß, wohin er schreibt; es muß nach der Gegend von Malmö hinauf und so weiter an der Küste sein.

Internet, Computer, Cookies, Maps? Albion hast Du mit eigenem Auge gesehen; bitte nimm zur Kenntnis, dass die Sprache dieser Insel unsere Welt zu dominieren anhub und nun weitgehend beherrscht.

Wir sind, wenn wir so fortfahren, in Gefahr, weggewischt zu werden wie die Sarmaten; und bald wird man in unsern Gerichten fremde Befehle in einer fremden Sprache bringen.
Ob die Menschheit dabei gewinnt oder verliert, wer vermag das aus dem Buche des Schicksals zu sagen?

Wenn man etwas nicht vermag, soll man darüber nicht mehr grübeln. Schließen wir für heute unseren Kreis, denn wir begannen den Abend mit dem unvollständigen Zitat. Es sei nun umfassend dar- und in den Zusammenhang gestellt:

Wer geht, sieht im Durchschnitt anthropologisch und kosmisch mehr, als wer fährt ... Ich halte den Gang für das Ehrenvollste und Selbständigste in dem Manne und bin der Meinung, daß alles besser gehen würde, wenn man mehr ginge. Man kann fast überall bloß deswegen nicht recht auf die Beine kommen und auf den Bei-

nen bleiben, weil man zuviel fährt. Wer zuviel in dem Wagen sitzt, mit dem kann es nicht ordentlich gehen ... Wo alles zuviel fährt, geht alles sehr schlecht; man sehe sich nur um. Sowie man im Wagen sitzt, hat man sich sogleich einige Grade von der ursprünglichen Humanität entfernt. Man kann niemand mehr fest und rein ins Angesicht sehen, wie man soll: man tut notwendig zuviel oder zuwenig ... Fahren zeigt Ohnmacht, Gehen Kraft.

Ach, Johann Gottfried, nun sage das zum Troste und zur Aufheiterung denen, die auf dem Weg nach Hause im Stau stehen, im selbst verschuldeten ...

Aus jedem Deiner Sätze könnte man eine Dissertation stricken. Ist schon jemand darauf gekommen, ein Psychologe, ein Logistiker, ein Ökonom, ein Mediziner oder gar ein Politiker? Die Distanzierung von der Humanität haben wir erkannt und erleben sie täglich. Oftmals stehen die Größe und die Kraft des Fahrzeuges im umgekehrten Verhältnis zu Geist und Kultur des Lenkers.

Genug geschwatzt, lass' uns zu Abend essen, wir brauchen Kraft für morgen, denn Danzig steht auf dem Plane. Gut, dass wir beide das Nahrhafte mehr als das Raffinierte schätzen.

Lange weilt die pommersche Küste vor unseren Augen - Stunde für Stunde. Sie langweilt uns. Ein schönes Bild.

Abwechslung kommt an der Halbinsel Hel auf, auch Putziger Nehrung genannt, jenem wahrlich putzigen chamäleonzungenförmige Gebilde über der Danziger Bucht, das den Ort Hela gleich einem Beuteinsekt an seiner Spitze hält. In der Ferne die Türme der alten Hansestadt, von deutscher Geschichte geprägt wie so manche Siedlung zwischen Lübeck und Tallinn, verspielt von Kaiser Wilhelm II. mit dem Ersten Großen Krieg, der Urkatastrophe des 20. Jahrhunderts.

Vor siebzig Jahren ragten nur noch klägliche Skelette historischer Bebauung mahnend in den Maihimmel. Der selbsternannte größte deutsche Feldherr aller Zeiten war in Feuer und Rauch zur Hölle gefahren; er hatte sein „Drittes Reich" in kläglichstem Zustand den Übriggebliebenen, den Überlebenden und den Kommenden hinterlassen.

Steige ab vom Schiff, bewundere, was die von Dir als kulturfern bezeichneten Polen in dieser Stadt wieder aufgebaut haben und grübele darüber, wie Du diesen Ort beschrieben hättest.

In Beschreibungen bin ich nicht stark und nicht glücklich, will also auch keine versuchen.

Ach ja. Frei von Koketterie zeigst Du Dich nicht. Zum Schreiben und Dichten kann man wohl niemanden überreden.

Schreibsucht ist, wie alle meine Freunde bezeugen können, nicht meine Krankheit.

Nun, Dein Œuvre straft diese Behauptung wahrhaft Lügen; Selbstreflexion hat selten etwas mit dem Urteil der Um- und Nachwelt zu tun, meist nicht einmal mit der Realität.
In Danzig wärest Du damals keiner bedeutenden Persönlichkeit begegnet. Arthur Schopenhauer zog als Kind nach Hamburg, Johannes Daniel Falk verschwand mit 19 Jahren nach Halle, Daniel Gabriel Fahrenheit war lange tot, vom Ehrenbürger Günter Grass, von Klaus Kinski und Rupert Neudeck noch nichts zu ahnen. Also gab es wohl keinen Grund für Dich, die Stadt zu queren.
Lass' uns einen Blick auf die bedeutendsten Bauwerke werfen, die Kirche St. Marien und das Krantor, beides in backsteingotischer Weise aufgeführt.
Goethe hatte die Kulturwelt mit der Gotik ausgesöhnt und dem Stil den Beigeschmack des Barbarischen, die Assoziation eines Vasari mit den Beutezügen der Goten im Imperium Romanum, genommen. Vorurteilsfrei, trotz Deiner unverkennbaren Liebe zur Antike, sinniertest Du angesichts des Straßburger Münsters:

Es wäre vielleicht schwer zu bestimmen, ob der Dom in Mailand oder diese Kathedrale den Vorzug verdient. Diese beiden Gebäude sind wohl auf alle Fälle die größten Monumente gotischer Baukunst.

Die Nordmenschen schufen ihre Großkirchen und profanen Bauten mangels Sandstein aus Ziegeln; der himmelweisende Zug der Säulen, der Bögen, der Dienste und der Streben ist unser Staunen wert.
Genug gestaunt. Wir sind auf fast dem gleichen Meridian wie Dein gelobtes Petrikau, das heute Piotrków Trybunalski heißt. Schließlich war hier einmal der Sitz des höchsten Gerichts in Polen. Vielleicht ein Grund dafür, dass es sich leidlich hielt und Du es positiv erwähntest in Deinem nicht sehr schmeichelhaften Gesamturteil zu den polnischen Landen.

Besonders ist der Strich von Wartenberg bis Warschau, Petrikau und Rawa ausgenommen, bis zum Mitleid ärmlich und schmutzig, bei Christen wie bei Juden: bei den ersten womöglich noch mehr. Im eigentlichen Verstand ohne alle Übertreibung ist in den meisten polnischen Häusern auf dem Lande, und nicht selten auch in den Städten, der Mist das reinlichste Fleckchen, wo man noch ohne Ekel stehen kann.

Da warst Du sicher nicht gut drauf. Zum Glück verstehen Dich die Neuen Braunen nicht, denn Verstehen setzt Denken voraus. Du taugst nicht zum Zeugen des „Untermenschentums der Ostvölker".
Ob die echten Nazis Dich missbraucht haben? Den Kurt Arnold Findeisen hatte ich ja abgewählt und auch heute packt mich nicht die Lust, in seinem Werk zu stöbern. Vielleicht ein anderes Mal. Wäre ja auch ein Thema: meinen Mitsegler von hässlichem Verdacht befreien.
Wir schütteln den Danziger Sand aus unseren Stiefeln und steigen aufs Schifflein. Leinen los, Segel gesetzt, diesmal nur das Vorsegel, denn der Wind treibt uns leise die Tote Weichsel hinab.
An Steuerbord liegt die Westerplatte, wo zum ersten Mal ein Wortbruch der Alten Braunen in einem Geschützdonner gerann, der weltweit vernommen wurde und wonach kein Chamberlain mehr mit dem Münchner Abkommen als Friedensfanal wedeln konnte.
Du stehst am Ruder und schaust erstaunt, wie von mir die Nationale gedippt wird. Seemannsbrauch an der Westerplatte zum Gedenken an den Beginn des Massakers. Es ist ein seltsames Gefühl. Ich habe keine Schuld daran, was damals geschah, dennoch fühle ich immer eine tiefe

Betroffenheit beim Denken an die Taten unserer Väter. Millionen Menschen kamen um oder verloren ihre Heimat. Deutschland wurde zum zweiten Mal im 20. Jahrhundert kleiner. Selbstverschuldetes Elend.

Die Geschichte scheint mir fast zu bürgen, daß die Menschen keine Vernunft haben.

Ein wahres Wort, ein schwacher Trost. Ich spüre Deine Hand auf meiner Schulter. Danke.

LITAUEN

Ab geht es nach Klaipėda. Wusstest Du, dass Memel auf Litauisch so heißt? Der Name hat kurische Wurzeln und bedeutet „flacher Grund". Hier war einmal die nördlichste Stadt Deutschlands, zu einer Zeit, als die Ostseeküsten von Aarö bis Memel zum Kaiserreich gehörten. Alles vertan, verspielt, verloren im Größenwahn der Kaiser und Führer. Das stolze Königsberg, das Du im Zusammenhang mit Kotzebue und Schnorr erwähntest, heißt nun Kaliningrad und ist für einen Deutschen nur beschwerlich zu erreichen. Es war einmal die östlichste Großstadt in Deutschland, nun ist es die westlichste in Russland. Besuchen? Hatte ich im Sinne, für mich waren Pass und Visum in greifbare Nähe gerückt, aber das Procedere für Johann Gottfried Seume, geboren am 29. Januar 1763, wollte ich uns ersparen. Der Aufwand für die Erlaubnis, St. Petersburg mit dem Segelboot zu besuchen, war schon groß genug. Zumal auch Deine Erfahrungen skeptisch stimmen:

An dem ersten russischen Pass wurden wir wohl eine Stunde wegen Visierung der Pässe aufgehalten, und die Kosaken baten sich sogleich ein Trinkgeld aus, ohne uns nachher fortzulassen. Der Offizier des Kommandos mochte wohl den Säbel besser führen können als die Feder, denn man hätte einen Stoß Kriminalakten schreiben können, ehe wir abgefertigt wurden.

Ähnliches müssten wir vielleicht in Baltijsk, einst Pillau, vor dem Einlaufen in den Königsberger Seekanal riskieren, um anschließend noch lange 23 Seemeilen bis in die alte Stadt zu dümpeln.

Du kennst meine Saumseligkeit und Sorglosigkeit in gelehrten Dingen und Sachen der Kunst. Was soll ich Laie im Heiligtum?

Ich werde das Gefühl nicht los, dass Du zum Untertreiben neigst. Oder ist Dir das Allzumenschliche eigen, auf Widerspruch zu bestehen, um desto höher gelobt zu werden? Darüber wird an einem weiteren lauen

Abend zu sprechen sein. An Bord wird nicht gelogen - eherner Grundsatz der christlichen und der atheistischen Seefahrt!
Der Weg von Danzig nach Memel ist weit, 140 Seemeilen, rund 35 Meilen nach Deinem Maße. Da heißt es, einen vollen Tag und eine ganze Nacht auf See zu verbringen und gut Abstand zu halten vom Kap Taran, der russischen Warze im Baltischen Meer, von der Du vielleicht als „Brüsterort" gehört hast. Zum Glück ist der Wind gnädig und schiebt uns voran durch Welle und Nebel. In der Morgendämmerung liegen zwei Drittel der Distanz im Kielwasser. Wie fühlst Du Dich?

Es war mir doch ein sonderbares Gefühl, als ich den andern Morgen auf das Verdeck trat und zum ersten Male nichts als Himmel und Wasser um mich sah. Der Ozean wogte majestätisch, und die Schiffe tanzten magisch wie kleine Spielwerke auf der unbegrenzten, ungeheuren Fläche; der Himmel war bewölkt und teilte dem Wasser seine tiefe, ernsthafte Farbe mit. Ich war wirklich in einer andern Welt und fühlte mich abwechselnd größer und kleiner, nachdem eine erhabene oder bange Empfindung eben in der Seele herrschte.

Auch wenn es nur ein einziges Mal der allererste Morgen sein kann, den man auf dem Meer erlebt - dieses Gefühl teilten wohl schon Tausende, nur können es die allermeisten nicht so bildhaft beschreiben. Das gelb-grün-rote Fähnlein, das ich unter der Steuerbordsaling setze, ist die Gastlandflagge. Sie erweist den Besuchten die Ehre und zeigt, dass wir in friedlicher Absicht kommen, willens, die hiesigen Gesetze zu achten.

Nur die Natur mit ihren Gesetzen ist beständig ... Man rede also doch nur von Ordnung und Gesetz, aber nicht von Gerechtigkeit!

Von Menschen gemachte Gesetze ändern sich und haben oft mit Gerechtigkeit wenig zu tun. Nicht allein in Litauen, das es zur Zeit Deiner Sommerreise schon lange nicht mehr als Staat gab, nur als noch Land-

schaft. Den Mittelpunkt Europas bildete es mit dem geografischen Flächenschwerpunkt schon immer.
Einst eng mit Polen liiert, wurde es zu Deinen Zeiten russisch und musste sein Streben nach Freiheit vom Zaren zweimal im Blut ertränken lassen. Nun ist es seit einem Vierteljahrhundert erneut ein Staat, erlebte Krise und Aufschwung und Du würdest es wohl nicht wiedererkennen, wenn Du Dich Deiner Tage zwischen Grodno und Mitau erinnerst.

Nun fuhren wir rechts an der Memel hinauf. Vor und nach Olita ist die Gegend recht artig; aber die Kultur ist nicht besser als auf der andern Seite des Flusses im Preußischen ... Überall fanden wir noch Zerstörungen der Kosaken und Jäger aus dem letzten Krieg. Der Verwüstungsgeist ist doch etwas Entehrendes in der menschlichen Natur, er erscheine, wo er wolle und wie er wolle. Peter der Erste, dessen Humanität eben nicht die höchste war, ließ den Soldaten Gassen laufen und den Offizier ehrlos wegjagen, der nur einen Baum ohne Befehl niedergehauen hatte; und jetzt vernichtet man ganze Wälder und Gärten und macht das ohnedies schon kahle Land noch verödeter.

Die heutigen Litauer sehen das anders. Die Hymne geht so: „Lietuva, Tėvyne mūsų, tu didvyrių žeme" - „Litauen, unser Vaterland, Land der Heldengrößen".
Wir liegen mit unserem Schiff im Alten Festungshafen. Zur Altstadt ist es nicht weit und irgendwie klingt „Memel" so historisch. Man hat das Gefühl, dass viele Jahrhunderte deutscher Geschichte nur darauf warten, sich uns zu öffnen. Ein Spaziergang muss sein.
Vieles ist artig restauriert, doch eine Menge leerer und verstaubter Schaufenster glotzt auf unbelebte Straßen. Es erinnert mich an Demmin bei Nieselregen.
Simon Dach sagt Dir etwas, auch seine „Anke van Tharaw"?
Richtig, daraus hat Dein Vornamensvetter Johann Gottfried Herder das „Ännchen von Tharau" verhochdeutscht, als Du 15 Jahre alt warst.
Dessen Frau Caroline echauffierte sich übrigens 1803:

„Seumes ‚Spaziergang' ist ein unerträgliches Zeug voll Arroganz, Gemeinheit, Großthun im Nichts, ein eitler Mensch der etwas seyn will, ein grober Bengel, der mit seinem Ränzel in den niedrigen Wirtshäusern durchgekrochen ist und von da aus, die Städte und die Landesverfassung und die Sitten und den Charakter der Nation beurtheilt, und über die Ohren haut."
Von dieser Sentenz wusstest Du ganz sicher, denn Du bliebst nichts schuldig:

> *Wir wollen an Dokumenten arbeiten, daß wir nicht zur Zeit gehören; damit uns wenigsten nicht die Nachwelt zu dem Brack der Blindlinge und Kriechlinge zählt ...*

Auch wenn Du das nicht direkt an Deine Kontrahentin richtetest: Ein trefflicher Schlagabtausch - und das mit einer Freundin Goethes. Deinen Vorsatz hast Du wahr gemacht, zum Brack zählt Dich wohl niemand.
Zurück zu Simon Dach. Seit 100 Jahren steht ein Brunnen vor dem Theater, gekrönt von Ännchen, als Denkmal für den seriendichtenden Sohn der Stadt. Außer dem Volkslied, das ich an meiner gelobten Lessing-Oberschule lernen und singen musste, ist nicht viel geblieben von seiner Lohnlyrik. Allerdings: Bach und Reger vertonten zwei seiner Werke und bei Günter Grass ist er das symbolische Dach in „Das Treffen in Telgte".

> *Es ist nicht angenehm, oder vielmehr es ist oft angenehm, aus der Sprache eines Volks seinen Charakter zu sehen.*

Grass' Sprache ist eine deutliche, eine klare, eine parteinehmende. Darum ist er manchem seiner Landsleute unangenehm.
Die ganz Korrekten waren oder taten erschrocken, als er vor zehn Jahren „zugab", bei der Waffen-SS gewesen zu sein: „Und so etwas spielt das schlechte Gewissen der Nation? Hätte er doch weiter das Kaschubische propagiert und sich nicht in Politisches gemischt ..."
Gebrochene Biografien. Wir beide kennen das.

Apropos Sprache. In Litauen war das Russische über Jahrhunderte Amtssprache, auch während der Sowjetzeit, immerhin 45 Jahre. Hierzu unser Erleben: Eingedenk der bewährten Regel, zumindest ein paar Gruß- und Dankesworte in der Landessprache zu kennen, grüße ich den Hafenvogt mit „Laba diena!" Das ist gut gemeint, kommt aber völlig verkehrt an: er hält mich für sprachkundig. Der Schwall litauischer Erwiderungen lässt uns zu Boden gehen und reichlich blöde dreinschauen. Schnell das Englische gezückt, aber er ist in dieser Sprache unbewaffnet, ebenso im Deutschen. Nun tue ich das, wovor die stets auftauchenden und dazwischenredenden „All-Wissenden" gewarnt hatten und zwar wegen der Gefahr, von den Balten der drei Länder auf der Stelle gelyncht zu werden: Ich spreche Russisch. Die Spannung weicht aus seinem Gesicht und wir werden vom Redefluss hinweggespült.

Im Baltikum sprachen wir mit Jung und Alt, mit dem Russischen hat offenbar niemand ein Problem, die Jüngeren unterhalten sich mit uns auch auf Englisch. Offenbar überschätzen manche Menschen die Symbolik der Sprache: sie dient in erster Linie der Verständigung und nicht der Ideologie.

Die „All-Wissenden" waren auch zu Deinen Zeiten in der Übermacht. Kanntest Du den „Stammtisch"? Sein unausgesprochenes Credo: „Je geringer die Sachkenntnis, umso sicherer das Urteil."

Für Leute, welche alles wissen, habe ich nicht geschrieben, ebenso wenig als für Leute, welche nichts wissen: für die ersten wäre es viel zu viel, für die letzten viel zu wenig.

Wahrscheinlich ist Dein Leserkreis deshalb heutzutage nicht übermäßig groß. Die meisten Zeitgenossen rechnen sich wohl zur ersten Kategorie. Aber Du schaust so fragend: Waffen-SS, Sowjetzeit? Ich versuche, es Dir zu deuten, wenn wir Ruhe gefunden haben und allein sind. Andere müssen mein Gestammel nicht hören. Das Erklären der Zukunft ist schwerer, als Deine Worte im Nachhinein zu beleuchten. Schon einmal Gesprochenes und Geschriebenes kann erläutert werden, aber bisher Ungeschehenes und Ungesehenes verständlich zu machen, ist kaum möglich. Es sei dann, man ist Stephen Hawking. Aber den kennst Du ja auch nicht. Ich habe jedenfalls gewaltige Probleme, seine Theorien zu fassen. Dem, der sie wirklich verinnerlicht hat, bin ich noch nicht begegnet. Aber das wird an mir liegen. Ich pflege den falschen Umgang.

Wenn der Mensch aufhört, in irgendeinem Punkte eine Tinktur von Narrheit zu haben, so ist es mit seiner Weisheit und bald auch mit seiner Existenz zu Ende. Der Himmel behüte mich also vor der absoluten Weisheit, nach der ich strebe!

So kann man es auch sehen. Wieder großen Dank für Deine Lebensweisheiten. Wo nimmst Du das nur her, junger Bursche? Schon zwei Drittel meiner Lebensjahre erzeugen derart starke und wahre Worte? Einen Tag widmen wir der Kurischen Nehrung. Sind wir jetzt in Kurland? Nein, die Nehrung heißt nur so, weil sie, vom Königsberger Deutschordensland aus, in Richtung Kurland liegt.
Hier habe ich das seltsame Gefühl, auf einem Stück Historie herumzulaufen, an einer geheimnisvollen Grenze, zwischen der Freiheit eines sich geeint gebenden Europas und einem Reich voller Geheimnisse und Unwägbarkeiten.
In Nidden schaust Du betroffen auf das Schicksal des Thomas Mann, der, ebenso wie Du, nicht so schrieb und sprach, wie es den Herrschenden passte. Ein paar Worte aus seinem Munde, mit denen er an die Vernunft appellieren wollte:
„Der exzentrischen Seelenlage einer der Idee entlaufenen Menschheit entspricht eine Politik im Groteskstil mit Heilsarmee-Allüren, Massenkrampf, Budengeläut, Halleluja und derwischmäßigem Wiederholen monotoner Schlagworte, bis alles Schaum vor dem Munde hat". Er meinte das nazi-besoffene Deutschland
Wer kennt noch die Ballade „Die Frauen von Nidden" einer gewissen Agnes Miegel? Man nannte sie die „Mutter Ostpreußens" und sie stand auf der „Sonderliste der Gottbegnadeten-Liste" von Hitler und Goebbels mit den sechs unersetzlichen deutschen Dichtern. Ein Zitat aus einem ihrer Briefe:

„Wenn ich über meine Heimat und ihr Geschick etwas glaube, so ist es das: Wir werden ein nationalsozialistischer Staat sein - oder wir werden nicht sein! Und das wäre der Untergang nicht nur Deutschlands - es wäre der Untergang des weißen Mannes."
Arme Weißhaut!
So nahe liegen Schicksale beieinander. Und Gedanken auseinander. Gute Bücher sind immer politisch. Sagtest auch Du, lieber Seume. Es hat Dir Ärger eingebracht.

Wenn man mir vorwirft, dass dieses Buch zu politisch ist, so ist meine Antwort, dass ich glaube, jedes gute Buch müsse näher oder entfernter politisch sein. Ein Buch, das dieses nicht ist, ist sehr überflüssig oder gar schlecht.

Gedankenschwer steigen wir in den Omnibus; Dativ Pluralis von omnis. Da kommst Du ins Grübeln. Ganz einfach: eine Motorkutsche - FÜR ALLE. Philipp von Zesen hätte das Ding sicher „Allfahrer" genannt. Aber sein „Meuchelpuffer" für Pistole hat sich ja auch nicht richtig durchsetzen können. Armer Sprachpurist.
Auf der Fahrt nach Memel schlummern wir beide.

Es ist ermüdend und nicht erfreulich, so viele Meilen immer auf der Hauptstraße gerade fortzurollen, ohne daß ein Seitenweg einläuft oder ausgeht: ein gewisses Zeichen, daß die Kultur links und rechts auf eine ziemliche Entfernung ärmlich sein muß.

Ich schlafe gern und habe dabei kein schlechtes Gewissen.

LETTLAND

Wir lassen Klaipėda hinter uns. Es ist der einzige Hafen in Litauen. Als Fußwanderer und Kutschenpassagier war es leicht, eine Bleibe zu finden. Mit dem Schiff fällt es schwerer.

Ziehe durch Polen und iß mit den Juden und schlaf unter dem Grunzen der Schweine, und du wirst fühlen, wie wohltätig, welche gesellschaftliche Wiedergeburt es ist, wenn du in Kurland in ein reinliches, freundliches Zimmer trittst, von einem artigen, nettgekleideten Mädchen willkommen geheißen und mit einer guten Mahlzeit bewirtet wirst.

Oh weh, wieder ein Satz, den die politisch Korrekten zu Deinen Ungunsten interpretieren werden. Polen, zu dem Litauen bis 1795 gehörte, hat bei Dir einen unschönen Eindruck hinterlassen, aber sollte man das auf solch derbe Art schreiben?

Ich bin keines Menschen Feind, sondern nur der Freund der Wahrheit, Freiheit und Gerechtigkeit. Neid und Herabsetzungssucht sind meiner Seele fremd; ich meine immer nur die Sache.

Hoffentlich sehen Deine Leser das auch so. Manchmal scheinst Du mir das Ideal zu predigen und dann schlägt Dir das Allzumenschliche doch heftig in die Feder. Das macht Dich sympathisch. Die Unfehlbaren sind mir unheimlich und - unter uns - unfehlbar ist genau diese Spezies nicht.

Die meisten Menschen beschäftigen sich damit, zu grübeln, wie es die anderen besser machen sollten, und sehen sehr scheel, wenn man an ihrer eigenen Unfehlbarkeit zweifelt.

Sag' ich doch. Nun sei nicht grantig, Bordfriede ist das höchste Gut. Besonders zu zweit auf dreißig Fuß Schiffslänge.

Über Libau, Paulshafen und Windau, die auf Lettisch Liepāja, Pāvilosta und Ventspils heißen, gelangen wir in die Irbenstraße und in die Rigaer Bucht. Sand, Sand, Sand, Kiefern, kein Mensch am Ufer.
Aber nun sind wir in Kurland. Das wurde einstmals von August dem Starken regiert, einem Sachsen! Er titulierte sich als „Von Gottes Gnaden König in Polen, Großfürst in Litthauen, Reußen, Preußen, Masovien, Samogitien, Kyovien, Volhynien, Podolien, Podlachien, Lieffland, Smolenscien, Sewerien und Tschernikovien, erblicher Herzog zu Sachsen, Jülich, Cleve, Berg, Engern und Westphalen, des heiligen Römischen Reichs Erzmarschall und Churfürst, Landgraf in Thüringen, Markgraf zu Meißen auch Ober- und Unterlausitz, Burggraf zu Magdeburg, gefürsteter Graf zu Henneberg, Graf zu der Mark, Ravensberg und Barby, Herr zu Ravenstein etc." Das ist doch mal ein Titel. Da wird selbst ein Herr von und zu Guttenberg neidisch. August hätte sich nicht duzen lassen. Vielleicht von der Cosel. Ob dieses „Du" die 49 Jahre Stolpen aufgewogen hat? Anna Constantia kann man nicht mehr fragen.
Wir waren bisher nie richtig aus Sachsen 'raus, historisch gesehen, seit wir das ehemals preußische Memelland verlassen haben. Vorher befanden wir uns aber im ex-sächsischen Polen, oder? Was sagst Du dazu, Johann Gottfried - Du bist ja chronologisch viel näher dran?

Die nordischen Mächte ausgenommen, ist Sachsen der einzige Staat, der in der Zeitkrise keine Veränderung erlitten hat; das gereicht dem Regenten zur großen Ehre.

Schön, das sind die geografischen Aspekte. Gab es keine aktuelle Sorgen in Deiner Zeit?

Ich höre überall von heißpatriotischen Preußen, Österreichern, Bayern, Sachsen usw., die einander in die Wette hassen; nur höre ich von keinem Deutschen. Wehe also meinem Vaterlande! In hundert Jahren sind wir wahrscheinlich, wenn das Glück sich nicht unserer Dummheit erbarmt, die erbärmliche Zwitterbrut der Elsäs-

ser, Lothringer und Kurländer und Livländer, die ihre alte Nationalität verloren haben und keine neue finden können.

Das Glück hat sich der Dummheit erbarmt, aber was das Blut-und-Eisen-geeinte Land angestellt hat, wäre sicher in Deinen schlimmsten Alpträumen nicht vorgekommen. Nun ist Deutschland viel kleiner geworden, doch mächtiger denn zuvor. Mögen unsere Regierenden das nie missbrauchen, denn ihnen ist die Macht gegeben, auch wenn sie nicht mehr Kaiser und König heißen, sondern Kanzler, Ministerpräsident und Minister.

Ein guter König kann nie zu viel Gewalt haben, und ein schlechter hat bei der größten Einschränkung immer noch zuviel. Wer trifft nun die Mittelstraße? Freilich ist es immer das sicherste, in öffentlichen Verhältnissen mehr auf das Schlimme im Menschen zu rechnen. Denn fast immer lehrt die Geschichte, daß in diesem Falle unter der Maske allgemeiner Philanthropie und in dem Namen der Gesetzlichkeit alles Böse geschieht, wozu die Macht da ist.

Entschuldige, Johann Gottfried, ich muss mich einmal kurz an die Über-Korrekten wenden: Ich weiß, ich weiß, wir haben eine Kanzlerin, es gibt Ministerpräsidentinnen und Ministerinnen. Auf die femininen Endungen legen manche einen gewaltigen Wert. Wir werden sehen, was die Sprache, die sich nicht regieren lässt, in ferner Zukunft daraus macht. Vielleicht gewinnt auch Lann Hornscheidt, die oder der Professx. Da wäre mir aber der „Meuchelpuffer" eines Philipp von Zesen lieber.
Dich hat das damals nicht berührt. Dabei hieltest Du viel von den Frauen.

Ob die Weiber so viel Vernunft haben als die Männer, mag ich nicht entscheiden; aber sie haben ganz gewiß nicht so viel Unvernunft.

Andererseits treibt Dein Denken so mache Blüte:

Sodann hatte er (ein Herr Lindahl im schwedischen Norköping) noch einen sehr seltenen, konfiszierten schwedischen Katechismus von einem gewissen Bischof Emporagrius von Strengnäs, welcher den Weibern die Persönlichkeit absprach und sie zu den Mobilien des Mannes zählte. Du kannst denken, daß er abgesetzt und sein Buch verbrannt wurde. Seine übrigen Seltenheiten habe ich vergessen; aber der liberale Sinn des Mannes machte mir viel Vergnügen.

Mit den Schönen hattest Du, mit Verlaub, nicht allzuviel Glück in Deinem kurzen Leben. Wilhelmina trieb Dich nach Syrakus und vor Johanna flohest Du in den 1805er Sommer.
„Cherchez la femme!" - eine neue Interpretation: hinter jeder großen Wanderung steht eine attraktive Frau. Am Ziel des ersten Spazierganges wartete ein weibliches Wesen auf Dich - die Arethuse, wie Du sie nennst.
Wir haben uns verplaudert, unser lettisches Ziel steigt über die Kimm. Du kennst es. Endlich etwas Vertrautes aus der Sommerreise.

Mit wahrem Vergnügen sah ich wieder einmal in der Sandferne die hohen Türme von Riga, deren Name schon wohlklingend ist.

Sicher und fest liegen wir im Hafen Andrejosta und speisen fein in der dortigen Wirtschaft.
Morgen soll Rīga, das Paris des Ostens, zu Fuß erkundet werden, wir freuen uns darauf. Deine guten Erinnerungen an die Stadt machen neugierig.

Es ist hier eine schöne Mischung von deutscher Frugalität und nordischer traulicher Hospitalität. Glanz und Überfeinerung blenden noch nicht die Augen; aber voller Wohlstand, Freundlichkeit und Wohlwollen sprechen zum Herzen. An jeder Ecke sieht man Geschäftigkeit und Segen.

Das lässt sich noch heute spüren.

Stadtbeschreibungen sind nicht unser beider Ding, doch Backsteingotik, Barock, Jugendstil, Holzhäuser, Kirchen aller Baustile und Glaubensrichtungen, ein Stalinscher Zuckerbäckerbau vom Typ „Moskva - Krasnaja Presnja", ein riesiger Obst-, Fleisch-, Gemüse- und Fischmarkt in fünf ehemaligen Luftschiffhallen, ganz, ganz dicke Autos neben verrosteten Blechlauben, Lokomotiven sowjetischer Bauart neben neuen Reisebussen, markenumhüllte Model-Imitate neben Bettlerinnen in Filzstiefeln - Eindrücke über Eindrücke, vieles muss ich Dir erläutern, den Fremdenführer spielen. Es macht mir Vergnügen. Dir nicht?

Die Ciceronen sind die Plagen der Reisenden, und immer ist einer unwissender und abenteuerlicher, als der andere.

Danke für das Lob, es hat getroffen ...
Übrigens hat Johann Gottfried Herder (genau, der Superintendent mit der Seume-kritischen Gattin) in Rīga gelebt und dort als Hilfslehrer und Hilfspfarrer an der Domschule gewirkt. Das war lange vor seiner Eheschließung. Ein Platz ist nach ihm benannt und sein Denkmalkopf schaut nachdenklich auf den Betrachter.
Das Flüsschen Riege, das der Stadt den Namen gab, ist schon lange zugeschüttet, nur ein paar Straßen zeigen noch seinen einstigen Verlauf.
Im Theater waren wir nicht, obschon es weithin berühmt ist. Lettisch ist nicht unser beider Sprache.

Das Theater in Riga ist bekannt und hält wohl einen Vergleich mit den bessern in Deutschland aus.

Damals, 1805, war es ein deutsches Theater in einer russischen Provinz und hatte einen guten Ruf.
Überhaupt, die Letten und die Deutschen. Über Ewigkeiten hatten die Deutschbalten das Land dominiert, selbst zur Zeit der Zarenherrschaft war das unangefochten. Die Letten ihrerseits assimilierten die Kuren und die Livländer und vor fast hundert Jahren erkämpften sie die Unabhängigkeit von Sowjetrussland und machten auch der deutschen de-facto-Herrschaft ein Ende. Es hatte wohl gute Gründe.

Die Geschichte der estländischen, livländischen und kurländischen Bauern liegt in der Geschichte des deutschen Ordens: einer Geschichte, die der deutschen Nation auch nicht sehr zur Ehre gereicht.

Du hast es geahnt und dennoch Rīga als Oase der Kultur und des Geistes genossen, sogar die russische Justiz gelobt und Dich gewundert über den Zaren, der den Generalgouverneur Graf Buxhövden trotz der gegen ihn gerichteten zürnenden Öffentlichkeit im Amte beließ.
Zuversicht klingt aus Deinem Satz:

Die allgemeine Meinung wird durch keine Ukase bestimmt.

Das wollen wir gern hoffen.
Ukas heißt es eh' nicht mehr, denn drei Viertel der Letten lehnten vor ein paar Jahren ab, Russisch zur zweiten Amtssprache zu machen.
Nennen wir es eben Dekret, Erlass, Fatwa oder Verordnung. Die Deutschen lassen sich gern etwas verordnen, von der Verwaltung und vom Arzt. Deshalb sind auch die Kosten explodiert. Bevor das der Deutsche tut, muss viel passieren.
Verlassen wir Rīga. Du hattest Probleme mit dem Klima und Deinem Reiseführer:

Von Riga aus geht es einige Stationen durch gar traurigen Sand, wo man Muße genug hat, wenn das Gehirn heiß genug dazu ist, unterdessen eine Reise mit Mahumed zu machen. Damit ich doch auch zur Kritik der Geographie und Statistik das Meinige beitrage, will ich dir hier bemerken, daß mein Führer, das Reisebuch von Gotha, auf dieser kleinen Distanz in der Benennung der Posten einige ziemlich entstellende Fehler hat, die mir, als einem alten Wanderer in hiesiger Gegend, sogleich in die Augen sprangen. Eine Station heißt nicht Lenzendorf, sondern Lenzenhof; eine andere nicht Tepliry, sondern Teilitz; eine dritte nicht Kuikar, sondern Kuikatz.

Dergleichen Quisquilien finden sich im Buche noch hier und da, die zwar von keiner Bedeutung, aber doch nicht angenehm sind.

Heute geht es uns nicht besser. Eine schauerliche Kälte herrscht, aber unser Reiseführer, das neueste Hafenhandbuch, hilft dagegen. Es steht dem „Gotha" in nichts nach: falsche Tiefenangaben, fehlende Seezeichen und unbezeichnete Hindernisse in Fahrwassern und in Häfen. Das treibt uns den Schweiß aus den Poren.

Man müsste die Autoren zwingen, nach ihren eigenen Unterlagen zu reisen und Schäden samt Kosten aus ihrem Säckel zu tragen. Dem können sie elegant aus dem Wege gehen: „Für die Angaben kann keine Haftung übernommen werden." Und sie sind sich alle einig, die Kartographen, die Drucker, die Verleger und die Händler.

Jeder schreibe, was er schreiben will, aber er sei mit seinem Namen auf alle Fälle verantwortlich für sein Geschriebenes.

Wir gleiten sanft dem Wind davon. Die Küste bietet den Sinnen Abwechslung: man sieht Buchten, man hört die Vögel, man riecht die Düfte fruchtbarer Erde. Nordwärts zieht es uns, in den Estnischen Archipel. Gegen Abend haben wir unseren Zielhafen Salacgrīva erreicht, die nautische Hölle: die Stege zerfallen, Betonpiers mit alten Reifen und tiefschwarzen Gummirollen bewehrt, kein Strom, kein Abort und keine Möglichkeit, sich zu waschen - oh, Verlag, bezahle mich und ich liefere wahre und aktuelle Hafenbeschreibungen für Deine Handbücher. Oder übernimm einfach die Verantwortung für Dein Geschriebenes.

Fort von hier, zwei Meilen nach Norden gesegelt, vor den Ort Kuivizi, direkt an der estnischen Grenze. Anker heraus und außer dem Biolärm der Möven nichts und niemanden mehr neben uns. Dein letztes Ankern ist lange her.

Bei Deal lagen wir einige Zeit in den Dünen vor Anker, und da wurde uns denn wohl einzeln erlaubt, an das Land zu gehen; das ist also das Ganze meines Aufenthaltes in Alt-England und kaum der Erwähnung wert.

Wir liegen sicher und haben Zeit fürs Plaudern. Apropos Alt-England. Allenthalben liest man, dass man Dich zum hessischen Militärdienst presste, Du nach der Amerika-Exkursion an die Preußen gerietest und gegen Kaution die Freiheit gewonnen hast.
Das Kriegerische muss Dich dennoch fasziniert haben. In russischen Diensten bei Igelström, in der polnischen Gefangenschaft, die Suworow beendete, und im unglücklichen Abschied als Leutnant, nirgendwo hat sich rechte Abscheu gegen das Militär ausgebildet. Oder habe ich da etwas überlesen?
Selbst Aussichtpunkte in herrlicher Landschaft betrachtest Du durch das Auge des Rekognoszierenden, so geschehen zwischen den Böhmerstädten Czaslau und Kolin. Und ganz deutlich wird es im Friaul:

Palma Nuova war eine venezianische Grenzfestung, und nun hausen die Kaiserlichen hier. Sie exerzierten eben auf dem großen Platze vor dem Tore. Der Ort ist militärisch nicht ganz zu verachten, wenn er gut verteidigt wird. Man kann nach allen Seiten vortrefflich rasieren, und er kann von keiner nahen Anhöhe bestrichen werden.

Kann es sein, dass tief in Dir die Lust am Kampf und am Streite wohnt? Oder faszinieren Dich die Ordnung, die Struktur und das Für-Sich-Und-Andere-Verantwortlich-Sein, die dem Militärischen innewohnen?
Dafür habe ich Verständnis, fast zwanzig Jahre lang trug ich den steingrauen Rock der „Roten Preußen", der gegen Deine Uniformpracht natürlich schäbig gewirkt hätte.
Dein Biograf Oskar Planer schilderte es so:
„ ... aus Vorliebe zum Soldatenstande und einer gewissen Bequemlichkeit, mit seinen Gedanken in keinerlei Widerstreit zu geraten, entschloß er sich für den russischen Militärdienst, als ihm ... der Freiherr Otto Heinrich von Igelström hierauf bezügliche Vorschläge machte und ihm ein Offizierspatent versprach ... 1793 verlegte der General sein Hauptquartier von Pleskow nach Warschau ... Hier erfolgte alsbald seine Beförderung zum Lieutenant à la suite ... Seine Uniform war sehr

kleidsam. Der Waffenrock war grün, hatte rothen Besatz und goldne Achselbänder. Das eng anliegende Beinkleid war von weißem Tuch, der Leibgurt von weißer Wolle. Der schwarze, dreieckige Hut hatte einen weißen Federstutz und zwei goldene Büschel, der Degen ein schwarz und goldnes Portepee und schwarzes, ledernes Behänge."
Nun wieder Du:

Man sehe nur das Gros der Soldaten an, vorzüglich den kleinen Stab; ihr Ganzes sagt sogleich: »Wir sind die Repräsentanten der Willkür; bei uns hört das Denken auf.« Daher ist auch ihr Lieblingswort: »Will der Kerl noch räsonnieren?« Im Soldatenwesen, welches ganz etwas anders ist als Militär, ist freilich wenig Vernunft mehr ... Es kann in seinem Ursprung nicht leicht ein schlimmeres Wort sein als Soldat, Söldner, Käufling, feile Seele; Solidarius, glimpflich: Dukatenkerl. Die Sache macht die Ehre des Kriegers; aber ein Soldat kann als Soldat durchaus auf keine Ehre Anspruch machen. Es ist ein unbegreiflicher Wahnsinn des menschlichen Geistes, wie der Name Soldat ein Ehrentitel werden konnte.

Ist es zu begreifen, dass Du unterscheidest zwischen Soldatenwesen und Militär? War Dein Herangehen so anders, ließest Du den Soldaten allein als Söldner gelten - als Dukatenkerl? Du warst doch selbst in beiden Rollen - wenn man denn trennen kann: den Offizier a. D., dessen Stolz es war, achtmal in der Minute schießen zu können, vom Denker, der das alles zum Sinnbild der Dummheit erklärte.
Deine Dissertation, gerade einmal 40 Seiten, hast Du auf Latein geschrieben, zum Thema: „Vergleich alter Bewaffnungen mit den unsrigen". Gab es kein anderes Feld zu beackern für den einst Zwangsrekrutierten?
Innerer Widerspruch macht Menschen zu Charakteren. Glattgeschliffene Steine fügen sich zu leicht in die Mauern, die den Geist gefangen halten.

Oder, wie Dein Zeitgenosse Jean Paul zitiert wird: „Unter den Menschen und Borsdorfer Äpfeln sind nicht die glatten die besten, sondern die rauhen mit einigen Warzen."
Wer jetzt glaubt, dass Du diese Äpfel schon deshalb gut kennen müsstest, weil sie aus dem Dorfe zwischen Leipzig und Grimma stammen, der irrt.
Vielmehr ist der Name fast 800 Jahre alt und wird von Porstendorf, einer Grangie des Klosters Pforte bei Naumburg, abgeleitet.
Langweile ich Dich oder steckt auch Dir der Seetag in den Knochen?
Lass uns unter Deck gehen. Rum magst Du nicht, ich nehme ein Gläschen; Du gibst Wasser zum Unstrut-Saale-Wein.

ESTLAND

Weiter geht es - der stille Morgen erwacht in Stahlgrau, Eos lässt den Osten glühen und bald schon lenkt Helios seinen Wagen übers Gewölbe.
Sichten, die man nur von See aus hat. Johann Gottfried schaut trotzdem etwas grämlich drein. Ihm fehlt wohl der Auslauf. Man kann nicht alles haben.

Du mußt wissen, ich habe seit mehr als zehn Jahren eine Kontusion am linken Fuße, wodurch die Bänder eine Art von Schwäche bekommen haben, die mir jeden Fehltritt empfindlich macht. Die beste Stärkung ist nun Gehen; und ich pflege zuweilen wörtlich wahr zu sagen, ich muß nur einige hundert Meilen zu Fuß gehen, weil ich lahm bin.

„Similia similibus curentur" propagierte schon Theophratus Bombastus von Hohenheim, genannt Paracelsus, dreihundert Jahre vor Deinem Leiden: „Ähnliches wird durch Ähnliches behandelt ...". Er ging damit auf Kollisionskurs zu dem Beinahe-Heiligen Galenos von Pergamon. Das wusstest Du alles? Entschuldige bitte, schweigen wir erst einmal ein wenig vor uns hin. Manchmal scheinst Du schnell beleidigt.
Durch den Archipel zwischen Saaremaa und Läänemaa zittern und zickzacken wir uns hindurch. Die Esten haben so früh im Jahr noch keine Seezeichen ausgelegt. Steinchen, Steine, Felsen und Inselchen lauern überall und haben Appetit auf unseren Kiel. Da heißt es aufmerksam sein. Nun haben Dich Deine Erinnerungen wieder eingeholt:

Ein andermal hatte ich ... den grauenvoll großen Anblick, daß ein schönes, herrliches Schiff aus Unkunde des Weges bei starkem, widrigem Winde auf einen verborgenen Felsen lief. Ich hatte lange mit ängstlicher Teilnahme zugesehen, wie es mit Mühe und Schwierigkeit hereinlavierte. Meine Augen waren mit gespannter Aufmerksamkeit dahin geheftet; meine Seele war ganz auf dem Schiffe, da setze es in keiner großen Entfernung mit einem furcht-

bar krachenden Stoß auf das versteckte Riff, so daß die Maste zusammenbrachen und die ganze Maschine in Trümmer zu zerbersten drohte. Das Geschrei der Leute war herzschneidend ... Das schöne, fast ganz neue Schiff saß fest auf der Spitze, die ein ungeheures Leck gerade unten mitten am Kiel eingebrochen hatte, und weder menschliche Kraft noch Kunst war es heranzubringen imstande...*

Also, mein Segelkamerad, Augen auf und gehörig Ausguck halten.
Dein Weg von Riga nach Reval war fast ebenso lang wie der unsere von Rīga nach Tallinn, nur sahest Du damals wenig Wasser, viel Land und große Wälder; heute erblicken wir viel Wasser, flaches Land und große Wälder.
Auch Estland wand sich unter mancher Herrschaft. Erst waren es die Dänen - soviel imperiales Streben traut man dem heutigen glücklichen Kleinvölkchen überhaupt nicht zu. Dann rollte das Deutsche heran. Es behielt die offene oder die heimliche Herrschaft während der Hanse-, Schweden- und auch Zarenzeit in fester Hand. Bis 1885 war Deutsch hier Amtssprache.
Lenins Mannen gewährten Unabhängigkeit, der tyrannische Nachfolger holte die Esten zurück ins Rote Reich, erst vor 25 Jahren kam die zweite Unabhängigkeit. Nun ist das Land im abendländischen Bund. Das freut den russischen Bären. Die Schafspelze sind auf beiden Seiten abgeworfen. Es waren nicht allein die Herrschenden, die nun vor einem Dilemma stehen und nach NATO-Raketen an ihrer Ostgrenze greinen. Zur Abwehr iranischer Angriffe, wie versichert wird.

Wir wollen den Fürsten nicht vorzugsweise die Last des Unheils aufbürden; denn wo das Volk zur Entscheidung kam, ging es verhältnismäßig nicht besser; das zeigt die alte und neue Geschichte. Alle tragen ihren Teil der Schuld.

Dein Vertrauen in die Weisheit des Demos ist nicht groß, auf die der Herrscher hast Du noch nie gebaut.

Überall ist unter dem Volke grobe schmutzige Selbstsucht. Unter unsern Fürsten herrscht Mißtrauen; einer freuet sich über das Unglück des andern, wird ohnmächtiger durch Trennung, greift unüberlegt nach jedem kleinlichen Vorteile des Moments, und bringt endlich sich und die Nation an den Rand des Verderbens.

Wie wenig sich die Zeiten ändern.
Das Schifflein erholt sich im Tallinner Hafen von den Wogen und vom Wind. Wunderschön ist das alte Reval, dessen deutsche Bezeichnung heute kaum noch jemand kennt, ist sie doch seit 1918 außer Gebrauch; nur Rauchern sagt sie etwas.
Vergangene Namen hellen die Historie auf. Die Stadt heißt auf dänisch Lyndanisse, auf schwedisch Lindanäs, das „Lindenkap". Der Name Tallinn kommt von Taani-linna, das heißt „Dänische Burg". Die Russen nannten sie früher Rewel und in grauer Vorzeit Kolywan - die „Pfahlstadt".
Ich mag es, in Wortwurzeln herumzustochern, irgendwie lichtet sich ein wenig das Dunkel des Ehemaligen. Und wenn uns bewusst wird, dass der Stadtteil Pirita übersetzt „Birgitten" heißt, nach dem gewaltigen Kloster, dann war die Stunde nicht vergeblich gelebt.
Die Esten lernen wir als überaus hilfsbereit, freundlich und zuvorkommend kennen - einfach ein liebenswertes Volk, wie nach meiner Erfahrung alle Balten. Du erzählst von Deinen estnischen Meilen mit anderem Tenor.

Nun schlug ich den Weg nach Reval ein, da ich doch einmal so ziemlich auf der Hälfte war und die große Straße zu weit rechts lag. Hier hörte nun aber auch alle humanere Kultur auf, und in den Wirtshäusern fand man gewöhnlich nichts als die leeren Wände. Außer der Hauptstraße reist selten jemand, der nicht seinen Speisekorb und Flaschenkeller bei sich führt, so daß die ärmlichen Krüger, ohne wahrscheinlichen großen Verlust nicht einmal etwas anschaffen können. Man reist also freilich noch unbegreiflich wohlfeil, aber auch unbegreiflich schlecht. Die Bauernhäuser sind wahre Troglodytenhöhlen. In den Wirtshäusern hat man zwar meistens eine sogenannte deutsche Stube, welche zur Auszeichnung düstere geflickte Fenster hat: aber sonst ist auch nicht die geringste Bequemlichkeit; und was man mitbringt, kann man bei saurem Bier verzehren ... Ich konnte zum Abend durchaus nichts finden als ein Stück altes hartes, ungekochtes Pökelfleisch, das mir denn ... nicht sonderlich behagen wollte; und gegen das hiesige Bier war das in Polen mit Pflaumen und Branntwein angemachte noch Nektar. Doch hatte ich mein eigenes Zimmer und eine Pferdedecke zur Erwärmung; denn die Nächte waren noch empfindlich kalt.

Heute können wir nicht klagen, die Märkte sind voll, die Gastwirte freundlich, das Essen ist gut und seinen Preis wert. Und selbst ordentliches Bier gibt es hier. Nun geriere Dich nicht als Temperenzler; wer sich über den Gerstensaft beschweren kann, hat zumindest Grundkenntnisse auf dem Gebiet des Alkoholgenusses. Und was die Prohibition an Unglück über die Menschheit gebracht hat, das willst Du überhaupt nicht wissen!
Du brichst noch eine Lanze für den Wein:

Der verstorbene Lord Bristol, liederlichen Andenkens, teilte in Rom die Deutschen ein in Weintrinker und Biertrinker, mit der Bemerkung, die Weintrinker seien Schurken und die Biertrinker Dummköpfe. So viel zynische Arroganz auch in dem Urteil liegt, muß man doch bekennen, der Mann kann durch das Studium unserer öffentlichen Verhältnisse füglich darauf geleitet worden sein. Jetzt haben wir der Weintrinker beträchtlich weniger, aber der Biertrinker beträchtlich mehr und sind also dadurch nicht gebessert.

Dein Hang zum offenen Wort ist unüberhörbar. Und das muss man sich als bekennender, ehrlicher Biertrinker einfach so gefallen lassen?
Unsere leicht vergifteten Wortwechsel zu den Trinkgewohnheiten des jeweils anderen wollen wir mit dem Mantel der Nächstenliebe bedecken. Wenn man permanent auf zehn Quadratmetern, einer knappen

sächsischen Quadratrute, zusammengesperrt ist, dann ist das förderlich für gelegentliche Konflikte.
Einen stillen Choleriker nennt man mich. Es dauert, bis ich platze. Aber wehe, wenn. Soweit muss es nicht kommen und deshalb verkneife ich mir ausufernde Diskurse.
Spaziergang durch Tallinn - das Zugeständnis an Johann Gottfrieds Laufwut.
Die Stadt schlägt Rīga um Längen: geschichtsträchtig an allen Enden, stolz auf die Vergangenheit und traditionsbewusst. Ein liebevoll restaurierter, sehr gepflegter Stadtkern, klein-flächig, ein architektonisch-historisches Denkmal neben dem anderen.
Die „Dicke Margarethe" begrüßt uns in ihrer Jahrhundertstarre und -gemütlichkeit. Dann „Kiek in de Kök", ein alter Kanonenturm mit einem putzigen Namen. Richtig: „Guck' in die Küche". Aus luftiger Höhe von 38 Metern, ungefähr 120 Fuß, kann man wahrlich in die Revaler Herdstuben schauen.
Die riesige Alexander-Newski-Kathedrale hat für einen russisch-orthodoxen Gottesdienst geöffnet. Bei allem Respekt, irgendwie wirkt es gelangweilt, wenn die in Gold und Rot gehüllten Herren vor den Gläubigen hin- und herdackeln, hinter dem Ikonostas verschwinden und sich dann in liturgischer Gleichgültigkeit erneut der demütig dastehenden Gemeinde präsentieren.

Kalte, sich oft widersprechende und vernunftwidrige Dogmatik, leere Formeln und nicht bedeutende Zeremonien werden den Völkern überall als etwas Wesentliches vorgehalten, während man die ersten heiligen Grundsätze der Vernunft, die unwidersprechlich die festeste Base aller Religion ausmachen, nichts achtet. Die Lehre von Gott und Vorsehung und Tugend und Laster, vorzüglich von Recht und Pflicht und Glückseligkeit und Elend, wird nur insofern berührt, als man es seinen Absichten gemäß findet.

Tallinn ist ein Ort zur Wiederkehr, zumal es Dinge gibt, für die man sich Zeit nehmen muss: ein riesiger Waldfriedhof, ein Marinemuseum, viele Kirchen, die monumentale Ruine des Birgittenklosters.

Wenn es mit dem „Noch einmal" nicht klappt, bleibt uns die Erinnerung. Was in unseren Köpfen ist, nimmt uns niemand wieder weg.

Es geht doch nichts über die Momente, wo man das Gute des Lebens mit seinen Freunden oder allein in der Erinnerung noch einmal genießt. Was dann noch Vergnügen gibt, hält gewiß die Probe.

Ich glaube nicht, dass die Millionen Fotografien ... ja, ja: „Lichtgeschriebenes" - so etwas wie die Camera obscura, nur dass man das Bild bewahren kann ..., die im Hier und Jetzt an jedem Ort „gemacht" werden, das Er-Lebte, die Spuren in unseren Köpfen, ersetzen können. Es sind traurige Surrogate für aktives Bewahren. „Schau mal, Schatz, wir auf Teneriffa." - „Nein, das war in Andalusien." - „Ist ja auch egal". Ist es wirklich. Ihr wisst es bloß nicht.

Einige leben vor ihrem Tode, andere nach ihrem Tode. Die meisten Menschen leben aber weder vor noch nach demselben; sie lassen sich gemächlich in die Welt herein und aus der Welt hinausvegetieren.

Eigentlich sind letztere während ihrer Vegetationsperiode auch schon tot, nur zu faul zum Umfallen ...

... es ist doch wohl der schändlichste Tod, aus reiner, absoluter Faulheit zu sterben.

Schluss mit dem Misanthropischen, es ist eigentlich nicht unsere Art. Oder doch: Clodius und Göschen setzten Dein Fragment „Mein Leben" fort; ob in Deinem Sinne, das wird nie jemand erfahren. Clodius schrieb in seinem de-facto-Nachruf vom „wunderbaren, menschenfreundlichen und menschenfeindlichen Weltbürger". Ja, er meinte Dich.
Wer hat außer Dir die Gnade, seinem eigenen Nekropompe zu lauschen? Du musst mir nicht dankbar sein.

Blicken wir nach vorn und machen wir ein Ende mit Deinem Reval, mit meinem Tallinn. Großes liegt auf unserem Kurs. Es wird spannend, Russland wartet.

RUSSLAND

Zwischen Tallinn und St. Petersburg dehnen sich Meilen über Meilen. Wäre ich in Deinem Sommer unterwegs gewesen, vielleicht hättest Du mein Segel sehen oder ahnen können. Die Fahrrinne läuft parallel zu den Spuren, die Du am Südufer des Finnischen Meerbusens legtest. Damals gehörte die Gegend zu den Ostseegouvernements des Zarenreiches, ziemlich autonom durch die Deutschbalten verwaltet. Du hast die Zustände grell illustriert.

Als eine Charakterzeichnung der gesetzlichen Verhältnisse und der schönen Liberalität der Machthaber in Livland ist mir noch oft vorgekommen, daß ich hier und da an der Wand eine große Peitsche hängen sah. „Das sind unsere Landesgesetze", sagte man, als ich das Instrument mit einiger Aufmerksamkeit betrachtete, „weiter haben wir keine, und weiter brauchen wir keine." Alles ist so ziemlich aus der Seele der Peitschenträger heraus gesprochen, die wirklich gern möchten, daß es weiter keine Gesetze gäbe, und meistens handeln, als ob es so wäre.

Einen Tag, eine Nacht und noch einen Tag sind wir unterwegs. Wenn man die Insel Gogland achtern sieht, das erste russische Eiland im Hier und Heute, bleibt einzig das Geradeaus. Kein Hafen, kein Ankerplatz, nur das lange, lange Fahrwasser bis Kronstadt.
Die Winde sind uns gnädig, es geht vorwärts - gemütlich, aber stetig. Der Blick wandert nach Süden; unsere Hoffnung, das Land zu erspähen, wird enttäuscht. Wir sehen Narwa nicht, die Grenze zum Russischen. Auch Du hast in Deinem Sommer einiges verpasst.

Bei Narwa sah ich den Wasserfall nicht, weil man zu eilig war. So kommt es, wenn man nicht allein ist und nicht auf seinen eigenen Füßen geht. Es ärgerte mich nachher etwas: denn nach der Beschreibung und nach dem allgemeinen Anblick der Gegend muß es sehr schön sein. Die Narwa führt bekanntlich das Wasser des Peipus herab in die Ostsee oder in den Finnischen Meerbusen.

Man kann nicht alles haben und oft wird man enttäuscht vom Lang-Erträumten.
Wir kommen ins Reden über Russland, das Große, das Geheimnisvolle. Sein Denken und sein Fühlen hast Du nicht ganz verstanden und auch wir Heutigen werden es nicht können. Dass vieles Ungehobenes in Land und Nation schlummert, ist unbestritten.

Die Gegend umher ist ziemlich öde; und wie sollen Städte gedeihen in einer Wüste? Die Städte wachsen nur, wenn nicht andere ungewöhnliche Ursachen eintreten, im Verhältnisse der Kultur des Landes umher. Auch scheint überall die Strenge der Zolleinrichtungen dem Emporkommen junger Pflanzungen dieser Art oder ihrem Wiederaufleben hinderlich zu sein. Nach meiner Überzeugung dürfte Rußland seinem Handel wenigstens noch hundert Jahre völlige uneingeschränkte Freiheit geben und könnte sicher sein, immer im Vorteil zu bleiben. Was es an einem Artikel verlöre, würde es an andern doppelt gewinnen; und der allgemeinen Kultur würde eine solche Liberalität nicht anders als vorteilhaft sein. Auch die Krone würde an ihren Einkünften wenig oder nichts einbüßen: und für das Wohl des Ganzen dürfte doch der Regierung auch eine kleine Aufopferung nicht zuviel sein.

Abendländisches Denken. Englische Königsmörder, französische Revolutionäre und deutsche Aufklärer haben tiefe Spuren in Dein Hirn gepflügt. Russland tickt anders, noch heute.
Als ich Ende dreißig war, weilte ich in Moskau, sah die Metropole und zum ersten Male Leningrad, wie St. Petersburg über Jahrzehnte hieß. Auch Sagorsk besuchte ich. Das nannte sich zu Deiner Zeit, so wie heute wieder, Sergijew Possad. Vor der Dreifaltigkeitskathedrale krochen die Gläubigen auf den Knien im Rund - auf die heiligen Ikonen zu, die sie mit Inbrunst und schrecklich nassen Lippen küssten.
Rote Banner und Kirchenfahnen, Leninbilder und Marien-Ikonen, Parteitagsberichte und kirchenslawische Perikopenbücher - wer konnte dieses Gemenge richtig deuten?

Wladimir Putin wurde als Oberstleutnant des Komitees für Staatssicherheit ins neue russische Wasser geworfen, durchschwamm es mit erstaunlicher Verve und tauchte als Präsident des Landes wieder auf. Dabei konvertierte er vom glasklaren Kommunisten zum bekennenden Russisch-Orthodoxen und nebenbei zum „lupenreinen Demokraten". Welch Metamorphose!
Russisches Denken, Fühlen und Handeln sind dafür keine Bedingungen, aber sehr hilfreich.
Andere können es ebenfalls. Ein ehemaliger Kreissekretär der Kommunistischen Partei der Sowjetunion ist jetzt litauischer Außenminister und bekennender Russland-Gegner.
Wie war das mit den Mächtigen Deiner Zeit?

Bonaparte konnte ein Fixstern werden und ist eine Sternschnuppe geworden ...
wenn Bonaparte die Stimme der Vernunft und Freiheit und Gerechtigkeit gehört hätte, er wäre die Sonne der Humanität. Er hat in sich selbst das schönste, reinste, höchste Ideal verdorben, das das Schicksal zum Heil der Menschheit aufstellen zu wollen schien.

Gut, das war nur einer von ihnen - und er stand im Zenit. Die anderen Herrscher, wie sahest Du sie? Taugten sie zur Macht?

Herrschen ist Unsinn, aber Regieren ist Weisheit. Man herrscht also, weil man nicht regieren kann ... Nicht wo einer regiert, ist Despotie, sondern wo einer herrscht, das heißt, nach eigener Willkür schaltet und die übrigen unbedingt als Instrumente zu seinem Zwecke braucht ... Man braucht fast überall nur das Minimum, um das System zu erhalten; und herrscht, weil man nicht weise genug ist, zu regieren ...

Künftig werde ich tiefer nachdenken, wenn ich „Regierende" sagen und eigentlich „Herrschende" meinen will.
Es ist spät geworden, erstmals auf unserer Reise wird es nicht mehr ganz dunkel. Die Weißen Nächte werfen ihre Lichter voraus.

Das kennst Du und es hat Dir nicht gefallen, zumal Du im Hochsommer ankamst.

Es war überdies jetzt noch die Zeit, wo es in dieser nördlichen Höhe ewig nicht Nacht werden will; und es kommt mir vor, als habe ich etwas von der Idiosynkrasie, daß ich nur die Nacht recht gut schlafen kann. Die Nächte sind aber dort in dieser Zeit so tagähnlich, daß wir in Petersburg um zwölf Uhr die Mitternacht im Garten ohne Licht einander ohne Schwierigkeit die Hamburger Zeitungen vorgelesen haben ...
Die Abendröte fließt mit der Morgenröte zusammen. Die ersten Nächte kam mir das recht angenehm vor; aber mein Auge ward des immerdauernden Lichts bald müde und vermißte die schöne Abwechslung der vaterländischen Sommernächte.

Im Dämmergrau sehen wir die Silhouetten der Grenzschiffe, die darüber wachen, dass wir uns an die vorbestimmte Route halten.
Das tun wir mit der größten Sorgfalt, denn mit russischer Streitmacht ist nicht gut Kirschen essen.

Wenn auch die Bürger, wie wohl anzunehmen ist, etwas übertrieben, so ist doch nicht zu leugnen, daß die stolze, beleidigende, barbarische, gewalttätige Willkür des Militärs in Rußland noch mehr als in andern Staaten eine tief eingewurzelte Krankheit ist. Ich habe empörende Beispiele davon gehört und selbst gesehen.

Johann Gottfried, stelle Dich bitte ans Ruder und habe gut Acht auf das, was um uns geschieht.
Unter Deck bereite ich derweil die vielen Papiere vor, die es uns möglich machen sollen, ein paar Tage in der Newastadt zu weilen.
Einen visierten Pass habe ich mir beschafft, dazu die unterschiedlichsten Bestätigungen zum Schiff und zur Ladung, zu Gesundheit und Assekuranz und vieles andere, von dem die „All-Wissenden" zu berichten wussten und von dem sich ein knappes Viertel als wahr herausstellte.
Alles ganz anders als vor 35 Jahren, da genügte der DDR-Pass und ir-

gendeine geheimnisvolle Udostoverenije mit gewaltigen Stempeln und Siegeln und Unterschriften. Damit glitten wir durch jede Wache. Wie war's denn bei Dir, damals, als Europa noch ein Flickenteppich schien?

Du mußt wissen, daß man hier mit einem allgemeinen Paß, und wenn er noch so diplomatisch wäre, nicht mit der Post reisen kann: dazu muß man von dem russischen Gouverneur des Hauptorts, aus dem man reist, noch eine sogenannte Podoroschne haben. Der Paß ist zwar das Majus und sollte das Minus oder die Podoroschne einschließen; das ist aber nicht der Fall; und die größte Unannehmlichkeit ist, daß man meistens mit dem Postpaß etwas aufgehalten wird. Wer heute spät in Grodno oder jeder andern Gouvernementsstadt ankommt, kann nicht eher weiterreisen, als bis ihn die Polizeiverwaltung abgefertigt hat, und ist also oft genötigt, eine Nacht zu bleiben, wo er nicht will. Dieses kleine Übel der Gesellschaft muß man sich nun wohl des übrigen Guten wegen gefallen lassen.

Nun wollen wir neugierig sein. Es naht die Stadt des Großen Peter. Zuerst an Steuerbord und später recht voraus blitzen goldene Türmchen und Kuppeln und Dachaufsätze.

Ingermanland ist allerdings etwas ärmer als Livland; aber in der Tat etwas wohlhabender. Die Häuser sind nicht mehr so finstere, traurige Rauchlöcher; sie haben meistens schon freundliche helle Fensterchen, die hier und da niedlich ausgeschnitzt und bemalt sind: auch findet man nicht selten wieder Schornsteine. Das spricht zum Vorteil des hiesigen Adels. Aber die vorzügliche Ursache ist wohl, weil hier schon sehr viel Russen wohnen; und der Russe ist überall tätiger und läßt sich nie so weit herabwürdigen als der Lette und Este. Wo du in Livland einen Schornstein siehst, ist es sicher des Edelmanns Krug oder Branntweinküche.

Das lass' mal keinen Balten hören …

Strelna, wo das Schloß des Großfürsten Konstantin ist, liegt angenehm genug zwischen Kronstadt und Petersburg. Die Kultur fängt nun von hier an, durchaus besser zu werden. Von Strelna aus sieht man rechts schon eine große Menge Landhäuser der Vornehmen aus Petersburg; und auf der zweiten Hälfte, vorzüglich den letzten sechs Werst, gehen sie links und rechts ununterbrochen fort. Eine solche Nachbarschaft hat, soviel ich weiß, keine große Stadt in Europa als Petersburg von dieser Seite.

Der Stadtgründer hatte am Konstantinspalast, der eigentlich das Versailles von Petersburg werden sollte, schnell das Interesse verloren und die volle Pracht in Peterhof entfaltet. Schau nach Steuerbord und Du wirst geblendet vom Glanz der Dächer und Fontänen und Wasserspiele des Sommersitzes.

Peterhof hat für die Naturliebhaber und sogar für die idyllischen Seelen mehr Reiz, wenn man auch vergißt, daß der größte Mann des Nordens aus der neueren Zeit hier seine Schöpfungen dachte und ausführte. In Rücksicht des Örtlichen würde mir Peterhof weit lieber sein als Versailles; wenn nur die Strenge des Himmels nicht so unerbittlich wäre. Überall trifft man auf eine Stelle, wo Peter der Erste irgendeine Lieblingsanlage hatte, wo er seine ernsthaften Geschäfte trieb und seine Erholungen genoß, wo er seine Flotten in Kronstadt von Tag zu Tag unter seinen eigenen Augen entstehen sah. Hier sieht man seine kleinen Zimmer und folgt darin seinen großen Plänen, die er nicht allein dachte, sondern auch ausführte: ob auch wirklich immer zum Besten der Menschheit und seines eigenen Volks, wäre eine sehr problematische Frage. Dergleichen Dinge fragt immer nur erst die verwegene Nachwelt; die Götter der Gegenwart wagt man mit solchen Kleinigkeiten nicht zu behelligen.

Voraus tauchen die Verteidigungswerke der Insel Kotlin mit der Festung Kronstadt auf. Wieder ward ein Traum erfüllt: St. Petersburg von See. Kronstadt, von Peter dem Großen zum Schutze seiner neuen Resi-

denz gegründet, war lange Zeit Stützpunkt der Baltischen Rotbannerflotte und für Normalsterbliche unerreichbar.
Die „All-Wissenden" raunten, dass hier die Schikane, die Observation und überhaupt alles Üble dieser Welt ihren Anfang nähmen.
Wir segeln unbehelligt durch die gewaltige Seefestung, auch wenn die Forts „Konstantin" und „Alexander" einen abweisend-bedrohlichen Eindruck machen.
Lange 18 Seemeilen zerren sich bis in die Stadt, die gewaltige Kuppel der Isaak-Kathedrale, die Turmspitzen der Admiralität und der Peter- und-Pauls-Festung rücken langsam in unseren Blick, später die Hafenanlagen.

Um die neue, sonderbare, mächtige Kapitale also wirklich sogleich in ihrer größten Pracht zu erblicken, muß man zu Schiffe kommen; und ich kam nicht zu Schiffe. Dafür hatte ich den Vorteil, daß die Stadt bei mir immer mehr gewann, welches bei denen, die vom Schiff steigen, wohl nicht ganz der Fall sein mag.

Wie siehst Du das jetzt, da Du „zu Schiffe" kommst? Ich kann mir nichts Schöneres denken, denn als vor 35 Jahren der Eisenbahnzug einrollte, zeigte sich mir ein hässlicheres Weichbild, keine Wellen, keine Sonne, kein Plätschern. Geruhsamer als auf einem Segelschiff kann man sich wohl keinem Orte nähern. Es sei denn zu Fuß. Und da bist Du der Fachmann.
Wir biegen ab zum Zollhafen und lassen das Procedere über uns ergehen. Der Verwaltungsaufwand ist nicht ohne, aber soviel Papier, wie von den „All-Wissenden" geweissagt, wird bei weitem nicht bewegt. Es klingt aus dem Munde eines Deutschen übrigens sehr lustig, wenn er über Vorschriften und Stempel lästert.

Es ist nirgends mehr das papierne Jahrhundert als in Rußland.

Wenn Du das so sagst. Auf Deinem Syrakus-Spaziergang bist Du ohne ein Pass-Problem davongekommen. Das war schon im 1805er Sommer nicht mehr so und wird es auch im 2015er nicht sein.

Ein paar russische Brocken, wohldosierte Scherze und etwas Galanterie gegenüber dem gefühlten Dutzend an Damen, die sich um unsere Papiere kümmern und unter der Last ihrer eigenen Bürokratie stöhnen: nach einer guten Stunde ist alles vergessen. Zwar kommen noch zwei elegant Uniformierte von beträchtlicher Körperfülle mit uns, um das Schifflein einer gestrengen Kontrolle zu unterziehen. Bevor sie aber in ihren engen Röcken über drei Relinge klettern müssten, überreichen sie uns mit gnädigem Nicken die unterschriebene und abgestempelte Zolldeklaration und trollen sich.
Ich sehe Staunen auf deiner Miene, Du hattest anderes erwartet?

Hier in Grodno im Zollhaus, wo ich lange sitzen mußte, nahm ich mein Taschenbuch heraus und schrieb mir eine kleine Notiz vom Wege hinein: „Bosche moi, kak skorro on pischet!" [Mein Gott, wie schnell er schreibt!] sagte einer der diensttuenden Unteroffiziere, indem er zugleich nach der Langsamkeit des Ausfertigers schielte.

Nun lass' uns in den Hafen fahren. Es gibt nur einen einzigen, in dem Ausländer gelitten sind, auf der Krestowski-Insel an der Newa-Mündung. Dort werden wir in gepflegter Atmosphäre empfangen, ein distinguierter Herr verteilt die vielfältigen Aufgaben unserer Abfertigung an das Personal, das vor ihm katzbuckelt. Er lässt es sich nicht nehmen, die „Tovarischtschi Jachtsmenni iz Germanii" („Genossen Yachtleute aus Deutschland") gebührend und hoheitsvoll willkommen zu heißen. Der Herr herrscht.

Die Wörter Herr und herrschen geben keinen vernünftigen Begriff unter vernünftigen Wesen. Man ist nur Herr und herrscht über Sachen und nie über Personen.

Dann würde den Herren das Herrschen aber überhaupt keinen Spaß machen.
Der kleine Abendspaziergang lockert unsere steifen Knochen. Wir wollen bald zurück. Das Schiff liegt jedoch nicht einfach frei im Hafen herum.

Ein Tor versperrt den Weg, davor posiert ein Zerberus in schwarzer Uniform, „Ochrana" - „Wache" auf dem stolzen Ärmelwappen.
Nicht schlecht, man fühlt sich gut behütet. Schlecht nur, dass er uns nicht hinein lassen will. Harscher russischer Ton. „Vchod zapresheno" - „Eintritt verboten". Basta. Unsere Hinweise, Fragen, höflichen Gesten, Bitten - sie helfen nicht.
Erst als wir den Namen und den Vatersnamen des Hafenchefs nennen und selbigen zu sprechen verlangen, greift Zerberus zum Telefon, bekommt Kontakt und verneigt sich nach Art eines Kammerdieners vor seinem unsichtbaren Gesprächspartner. Er fängt sich einen gewaltigen Brüller ein und lässt uns, brav wie ein wohlerzogener junger Lenin-Pionier, mit großer Geste passieren.
Da sage einer, die Gesellschaft funktioniere heutzutage anders als vor 210 Jahren.

Je mehr ich von den Menschen sehe und höre, desto mehr überzeuge ich mich, daß bei ihnen keine Vernunft ist; und der vermessenste Gedanke scheint mir zu sein, daß man glaubt, der Mensch habe Vernunft im höheren Sinne.

Wir ziehen uns auf das Schiff zurück, Johann Gottfried grübelnd, ich grinsend.
Der nächste Tag gehört der Stadt. Mir bleibt angesichts der geballten Pracht noch immer der Mund offen. Du bist skeptisch und schaust furchtsam in den klirrenden Treppenmund der Untergrundbahn. Die donnernden Eisenkästen, die uns in Minuten zum Winterpalast bringen, sind Dir nicht geheuer. Du lässt Dir jedoch nicht viel anmerken und fragst selten, denn erst die Abende gehören den Erläuterungen und ich bin geduldig.
Dass Du vor Erstaunen die Sinne nicht verlierst, hatte ich schon vermutet. Trotzdem erscheinst Du von St. Petersburg nicht unberührt.

Städte und Gegenden und Menschen und ihre Pracht anzustaunen ist eben nicht meine Sache, wie du weißt; aber wo ich Großes und Gutes sehe, bleibe ich mit Achtung stehen. Bis zur Bewunderung steigt meine Seele nur selten. Hier habe ich bewundert, wenn ich dachte, daß da, wo Paläste stehen und Monumente, die man kühn unter die größten zählen darf, da, wo sich Menschen drängen und in Glanz und Üppigkeit leben, wo eine kolossalische Macht jetzt ihre Propyläen errichtet hat, daß da vor hundert Jahren nichts war als rundumher eine ungeheure Sumpfgegend mit einigen Fischerhütten. Das ist Größe. Ob auch Güte, das ist eine andere Frage. Vielleicht gelingt es Alexander, das Große gut zu machen: dann ist er größer als die übrigen. Petersburg ist mehr als Berlin und Wien und ist es in einem Jahrhundert geworden. Der Russe in seinem heißen Patriotismus findet es auch besser als Paris und Rom. Da hat er recht, aber nur im einzelnen; und wird es ganz haben, wenn das Ganze fertig sein wird.

Das Ganze wird nie fertig werden, die Stadt atmet dennoch etwas Besonderes. Spürst Du es, auch wenn Du so manches Faktum nicht wissen kannst? Ich spreche jetzt zu Dir von meinem Empfinden.
Ganz wohl tut mir der Umgang mit der Geschichte. Zar Peter I. war auch zu Sowjetzeiten ein Held und durfte „der Große" genannt werden. Heute natürlich erst recht.
Andererseits: An der Hafeneinfahrt - „LENINGRAD" in Stein gemeißelt. Am Ploschdshadj Vosstanija eine fassadenfüllende Neonschrift: „Leningrad - Heldenstadt". Der Leninprospekt hat seinen Namen behalten. Stolz liegt am Kai der Panzerkreuzer AURORA, jenes Kriegsschiff, das im Oktober 1917 den Startschuss zur bolschewistischen Revolution gab und damit zu 70 Jahren kommunistischen Großexperimentes mit bekanntem Ausgang. Unversehrte, teils restaurierte Hammer-und-Sichel-Symbole sind an Gebäuden und Monumenten zu entdecken.
Der Betrachter vergleiche diese Praxis mit der Engstirnigkeit deutscher Bilderstürmer, die in einem „sozialistisch-realistischen" Gemälde an der Wand einer Betriebskantine einen Anschlag auf die freiheitlich-demokratische Grundordnung witterten, auch wenn das Bild nur anmutete wie ein echter Womacka.

Man darf nun leider nicht in einem Lande sein, um über ein Land Wahrheit zu sagen; wenigstens darf man mit dem Lande in keinen Verhältnissen stehen.

Das sehe ich ganz anders. Man muss in einem Lande gewesen sein, um wenigstens einen Hauch des Rechts zu erwerben, darüber zu urteilen. Oder meinst Du die Crux, über ein Land nichts Wahres schreiben zu dürfen, solange man dort weilt. Das ist in der jetzigen Welt noch immer so, zumindest in weiten Teilen. Und dort, wo man alles schreiben darf, interessiert es niemanden, es sei denn, man gehört zu den Herrschenden oder zu deren Sprechern und Schreibern kurz vor einer Wahl.
St. Petersburg - eine Weltstadt. Ein Ort zum Wohlfühlen. Das kann man aus vollem Herzen spüren und sagen.
Ganz sicher gibt es hier auch Abgründe, so wie zu Deiner Zeit.

*Eine der Geschichten des Tages war noch die Verurteilung des Verbrechers von Dago, der, wie bekannt ist, als Seeräuber auf seiner Insel mehrere Jahre den Cacus gespielt und eine Menge Menschen ins Verderben gebracht hatte. Das Leben dieses Mannes in unsern Tagen ist eine Erscheinung, die selbst in der Barbarei der Zeit des Herkules durch Bosheit merkwürdig gewesen wäre. Der Prozeß, der unter Paul angefangen hatte, wurde nun ziemlich langsam betrieben, und schon glaubte man, daß ihn die große Vetterschaft im Senat glimpflich genug durchbringen würde. Wirklich soll auch ein sehr sanftes Urteil schon abgefaßt und zum Vortrag fertig gewesen sein; da habe man zufälligerweise dem Monarchen einen sehr strengen Spruch gegen einen jungen Menschen zur Unterschrift vorgelegt, der für einige hundert Rubel Banknoten gemacht hatte. „Das ist hart, das ist sehr hart", soll der Kaiser beim Lesen gesagt haben; „ist das so gesetzlich?" - „Ja, Ihre Majestät", sagte der Referent. „Dann kann ich ihm nicht helfen, dem unglücklichen Menschen, aber nun will ich doch sehen, welche Strafe man dem Bösewichte von der Ostsee zusprechen wird."
Der Referent, der den hohen Ernst des Monarchen gesehen, erzählt man, habe es nun nicht gewagt, das Urteil so vorzulegen,*

*und es sei im Senat aus Gründen der Klugheit so geschärft worden,
wie es nachher vollzogen worden ist.*

Das war ja mal ein längerer Einwurf. Es wäre schön, wenn sich inzwischen Grundsätzliches geändert hätte. Protektion, Bekanntheit und Nützlichkeit eines Delinquenten bestimmen noch immer das Ausmaß von Verfolgung und Strafe.
Das ist im heutigen Russland klarer zu sehen als in unserer Heimat, offener praktiziert, mit deutlicher Warnung an Andersdenkende. Aber es ist nicht zu leugnen, dass auch bei uns Ermittlungen geführt werden und Urteile ergehen, die auf Verquickungen zwischen Politik und Justiz schließen lassen. Soll unser „Rechtsstaat" wirklich mit dicken Steinen auf den „Unrechtsstaat" werfen dürfen?
M. B. Chodorkowski war kommunistischer Funktionär, dann Bankier, dann Politiker, schließlich Oligarch. Seine Macht und seine Meinungen wurden dem Herrscher unheimlich und schon bekam er für seine nächste Rolle eine Gefangenenkluft verordnet. Nun ist er auf dem Gnadenwege wieder freigekommen.

Man spricht wieder laut von neuer eigenmächtiger Bedrückung der Militäre, von dem Einfluß des Nepotismus in die Justiz, von der auffallenden Schlaffheit und Willkür der Polizei. Man nennt Ort und Zeit und Namen und alle Umstände, wie man mit bestimmten Geldsummen Prozesse bei dem Senat durchsetzt: und wenn man dem glauben darf, was man darüber hier und da von ganz rechtlichen Leuten fast apodiktisch hört, so herrscht in dem höchsten Tribunal eine offene, ehrlose Käuflichkeit, bei der man schaudern möchte. Es kann in unsern Staaten so nur wenig Gerechtigkeit in der Welt sein; und wenn dieses Wenige noch dazu für Gold feil ist, so möchte man schon aus Philanthropie sich umsehen, wo der Weg zum Tempel hinausgeht.

Räsonierst Du über Deinen Sommer oder über unseren? Man weiß es einfach nicht. Das ist bedrückend. Zumal auch in deutschen Landen Justitia so manchmal die Binde von den Augen zu rutschen und ihre Waage zu kippen droht, als ob jemand einen Daumen in die Schale gelegt hat - wie ein durchtriebener Kaufmann.

Man kann es einen „Deal" (im Juristen-Neudeutsch: „Verständigung im Strafverfahren") nennen oder im schlimmsten Fall einen „Justizirrtum". Aber wenigstens in einem Punkte haben sich Deine Vorstellungen erfüllt:

> *So wie alle unsere Gesetze sehr kränklicher Vernunft sind, sind es vorzüglich die Strafgesetze. Die Strafe soll psychologisch zur Besserung berechnet sein und den Beleidiger am empfindlichsten Teile treffen. Aber hier sind die Gesetze fast überall und durchaus zum Vorteil der schlechten Reichen. Eine tätliche Beleidigung kostet zum Beispiel 5 Thlr. für jedermann. Darin liegt aber die ungerechteste Ungleichheit in dem Anschein der Gleichheit. Warum soll sie nicht einen bestimmten Teil, z.B. den fünfzigsten Teil des Vermögens kosten? Der geringste Beleidiger könnte dann nach einer niedrigsten Norm taxiert werden. Ein Millionär zahlt für eine Ohrfeige 5 Thlr. und ein Handwerksbursche 5 Thlr. Da hat denn gleich das Gesetz dem Geringeren eine Ohrfeige gegeben. Der Reiche hat dadurch in eben dem Maße die Freiheit, Ohrfeigen zu geben, als er steuerfrei ist ... Die anscheinende Gleichheit ist hier die drückendste Iniquität ... und alle Geldstrafen sollten nach den Vermögensumständen der Beleidiger eingerichtet werden. Keine bestimmte Summe, sondern eine bestimmte Proportion ...*

Dafür gibt es in unserer Rechtsprechung die Tagessätze. Nicht perfekt, aber doch gerechter als zu Deiner Zeit.
Schauen wir uns noch etwas um.

> *Man hat in Petersburg keine einzige schöne Kirche, wie man sie nämlich in Petersburg bei solchen Unternehmungen zu erwarten berechtigt ist. Die Isaakskirche ist von außen ein schwerer, unförmlicher, winkeliger Marmorhaufen, dem keine Kunst mehr helfen kann.*

De gustibus et coloribus non est disputandum. Das wussten schon die Scholastiker.

Die heutige Kirche hat mit der, die Du sahest, nur noch wenig zu tun, lediglich der Altarraum überlebte den 1818 begonnenen Neubau. Daher wäre es nicht recht, mit Dir zu streiten. In mir hat die Kathedrale des Heiligen Isaak von Dalmatien, wie sie in voller Länge genannt wird, einen tiefen Eindruck hinterlassen.

Zweimal habe ich sie bestaunt. Einmal 1980, als Museum, mit einem gewaltigen Foucaultschen Pendel, das, von der Corioliskraft getrieben, Muster in einen Sandflor zeichnete. Und heute den sakralen Riesenraum, der von seinem Museumscharakter nichts verloren hat, außer dem Pendel. Dem Allerhöchsten wird hier nur zu auserwählten Feiertagen mit Gottesdiensten gehuldigt. Zu anderen Zeiten kassiert Mütterchen Kirche gehörigen Eintritt.

Die neue kasanische Kirche, die eben gebaut wird, hat schon den Nachteil, daß sie zu nahe an dem Kanal steht und feuchten Grund haben muß, wenn man ihr auch durch Wegschaffung der nahen Gebäude Platz und Tag macht. Soviel ich aus der Anlage gesehen habe, wird sie zwar groß und prächtig werden, Schönheit aber und hohe Einfalt habe ich noch nicht entdecken können. Nur blinde Vorliebe für das Vaterländische kann sich einbilden, daß sie mit der Peterskirche am Vatikan wetteifern werde.

Da sind wir einer Meinung. Kuppel und Kolonnaden machen den Eindruck einer Reminiszenz an die Basilica Sancti Petri in Vaticano; ansonsten ist es mehr ein Nationalheiligtum als eine Kirche. Nur ein Seitenflügel bleibt den liturgischen Handlungen vorbehalten, die eroberten Fahnen und Trophäen aus Russlands reicher Kriegsgeschichte vermitteln eher den Eindruck einer Triumphhalle. Dass Kutusow hier seine letzte Ruhe gefunden hat, setzt dem Ganzen den Helm auf. Die Ikone der Gottesmutter von Kasan, die hier bis zur Oktoberrevolution zu Hause war, wurde nach langen Irrwegen wieder in ihre Heimat gebracht, in die Mariä-Verkündigungs-Kathedrale im Kasaner Kreml.

Und so steht das gewaltige Gotteshaus am Gribojedow-Kanal herum und spielt sich mächtig auf. Schön ist es wahrlich nicht.

Der Schloßplatz in Petersburg ist unstreitig der schönste und größte in Europa, trotz seiner Unregelmäßigkeit ... Der Schloßplatz hat zwar durch die Anlage der Promenade um die Admiralität herum an Raum beträchtlich verloren, ist aber deswegen immer noch der größte, den ich in irgendeiner Stadt kenne; den heiligen Petersplatz in Rom nicht ausgenommen. Auch schon diese Anlage allein ist eine Unternehmung, die anderwärts Bewunderung erregen würde.

Diesem Eindruck kann sich wohl niemand entziehen, der vor dem Winterpalast steht und den Riesenplatz auf sich wirken lässt. Du hast einen noch weiteren Blick gehabt, denn die gewaltige Alexandersäule, die jetzt aufragt, entstand erst drei Jahrzehnte nach Deinem Besuch. Viele Monumente erwecken den Eindruck, dass sie schon immer dort waren, wo wir sie heute sehen. Klare Stile passen stets zusammen. Nachgemachtes ist meist eine Grausamkeit. Da müssen wir nicht die Kasaner Kathedrale ansehen; unsere neogotischen Kirchen aus Kaisers Zeiten sind abschreckend genug, von Neuschwanstein ganz zu schweigen.

Wer vor dem Tore der Admiralität als dem besten Punkte zum Orientieren steht und die drei Hauptperspektiven hinuntersieht, hat allerdings einen Anblick, so groß man ihn vielleicht in ganz Europa nicht findet. Die Newskiperspektive ist die größte und schönste. Diese Hauptstraße ist so breit, daß der Kaiser in der Mitte eine schöne Allee von Linden auf erhöhtem Grunde für die Fußgänger angelegt hat, und auf jeder Seite können doch noch drei große Wagen sehr bequem nebeneinander fahren. Nicht viel weniger Breite haben noch einige andere Straßen.

Der Newskiprospekt ist noch immer die Petersburger Prachtstraße, viereinhalb Kilometer lang, über eine halbe Meile in Deinen Maßen. Sie verbindet die Newa mit dem Alexander-Newski-Kloster. Alle Stile sind

versammelt, die seit der Stadtgründung praktiziert wurden, vom späten Barock über den Klassizismus, dessen schönster Zeuge wohl Gostiny Dvor ist, einst ein Handelshof, jetzt ein Edelkaufhaus. Jugendstil, sowjetischer Konstruktivismus, vereinzelter stalinscher Zuckerbäckerstil und moderne Architektur prägen den Boulevard, der in den Champs-Élysées sein Vorbild suchte. Dazwischen Eklektizismus vom Feinsten und zum Wegsehen.
Ich weiß, Johann Gottfried, bis zum Klassizismus kannst Du mithalten, die anderen Stile sind Dir neu. Sehe Dich satt daran und lass' uns später reden.
Jede Ära hat ihre Architektur und wenn eine Epoche schnell im Dunkel der Geschichte versinkt, dann bringt sie kaum Eigenes hervor und bedient sich an alten Formen - und das meist glücklos.

Das sogenannte Marsfeld zwischen dem Marmorpalast, dem Michailowschen Schloss und dem großen und kleinen Sommergarten ist zwar ein Diminutiv gegen das Pariser, es hat aber den Vorteil, daß es mitten in der Stadt liegt. Suworows eherne Bildsäule zu Fuße, am Ende derselben, ist zwar kein gutes Kunstwerk nach dem Maßstab der Alten, aber doch auch nicht ganz schlecht zu nennen, wie die Tadler schreien.

Gut, das Pariser ist genau doppelt so groß wie das St. Petersburger Marsfeld, aber soll man letzteres deshalb ein Diminutiv nennen? Es strotzt vor Geschichte, auch wenn es heute anders aussieht als zu Deiner Zeit und sich viel Historie abgespielt hat, als Du schon in einer hoffentlich besseren Welt weiltest. Suworow wurde zur Seite gerückt und fristet auf einer Verkehrsinsel sein Dasein.
Die Revolutionäre des Februar und des Oktober 1917 verewigten sich auf dem Areal mit einer Nekropole und einer Ewigen Flamme.
Erschütternd lesen sich zwei lakonische Feststellungen aus dem Jetzt und Hier: „Jugendliche nutzen die Anlage zunehmend für Szenetreffs, das Sauberhalten gelingt der Stadtverwaltung immer weniger." - „Seit etwa 2007 wird eine Verlegung des Massengrabes vorgeschlagen, an

dessen Stelle könnten Tiefgaragenplätze oder ein Vergnügungspark entstehen." So schreibt „Russland aktuell".

Wo Üppigkeit einzieht, zieht gewöhnlich die Tugend aus.

Wohl gesprochen und nicht besser zu sagen.

Ein Mißgriff, wie viele andere, war es vor Kaiser Paul, nach Katharinens Unternehmung noch eine Statue Peters des Ersten zu geben, wo er den Charakter der ruhigen Größe ausdrücken wollte und in Härte, Frost und steife Gezwungenheit geriet. Seine Inschrift sticht ebenso gezwungen ab gegen die hohe Einfalt der andern. Er hat gesetzt: „Dem Vater der Vorväter"; dort steht, wie bekannt: „Peter dem Ersten - Katharina die Zweite."

Da stehst Du in gewaltiger Differenz zum Geist aller Zeiten. Katharina II. wollte nicht nur dem Großen, sondern auch sich selbst ein Denkmal setzen. Die zertretene Schlange unter dem Huf stellt das besiegte Schweden dar und Puschkins Poem „Der eherne Reiter" ist russisches Nationalerbe, jedes Kind kennt es. Immer liegen frische Blumen am Fuße des finnischen Donnersteines, auf dem sich das Pferd bäumt und die Frischvermählten lassen sich dort abbilden. Verehrung, Schönheit und Symbolkraft sind drei verschiedene Dinge.
Mich durchschauderte die Ehrfurcht beide Male, als ich davor stand.
Mit einer gewaltigen Philippika gegen die Kirchen Deiner Zeit beschließt Du Deine Petersburger Betrachtungen und sie gipfeln in den Sätzen:

Saul, der hohe, großmütige königliche Mann, wird verworfen, weil er menschlich war, weil er nicht in das schändliche Ausrottungssystem des Pfaffen Samuel stimmen wollte. Freilich war der Knabe Isais folgsamer und frömmer, der dann die Weiber verführte und ihre Männer im Hinterhalt morden ließ. Dafür ward er ein Mann nach dem Herzen Gottes. Der Himmel behüte mich, daß ich je auf diese Weise ein Mann nach seinem Herzen werde. So geht es in

Beispielen fort, die man dem gemeinen Menschenverstand, ich weiß nicht, ob zur Bildung oder zur Verwirrung, in die Hände gibt. Die schöne Moral Christi, obgleich mit mystischem Nebel umhüllt und durchwebt, gewann durch die Schlechtheit und Verdorbenheit der damaligen Sitten und Begriffe einen Einfluß, der nach und nach die alte Volksreligion beträchtlich veränderte. Man muß die Kirchengeschichte gar nicht und die politischen Händel nicht genau studieren, wenn man nicht voll Bitterkeit gegen das sogenannte Christentum werden soll. Die Helden der Partei trennen mit Wärme, Eigensinn und Hartnäckigkeit immer den Mißbrauch von der Sache. Den Mißbrauch sieht man überall; wo ist denn aber die vorzügliche Wohltat der Sache?

Du hast Dir als kulturhistorischer Reiseschriftsteller in meinen Augen das Prädikat „später Aufklärer" verdient und Dich somit neben Büchner, Herder, Kleist und Lichtenberg gestellt.
Den Abschied von Petersburg soll uns ein Abendschmaus verschönen, im Hafen lockt ein feines Gasthaus. Du musstest Dich seinerzeit in Richtung Moskau aufmachen, um in einen solchen Genuss zu kommen. Da hat sich einiges zum Guten gewendet.

Twer hat den Vorrang eines sehr guten Gasthauses auf der Post, wo man zugleich sehr billig ißt; eine Wohltat, die in den dortigen Gegenden weit größer ist, als du vielleicht denkst.

Hinein in die Hafenschenke. Die hübsche junge Wirtin kennen wir, sie hatte uns am Ankunftstag den Weg zur Kanzlei gewiesen.
Fleisch, Bier, Wein - alles gut und schmackhaft, selbst Du brichst Deine Temperenzlerprinzipien. Plötzlich kommt immer mehr Bewegung ins Lokal, ringsum werden Tische reserviert, gewaltige Champagnerkühler, riesige Vorspeisenteller, Kristallgläser, Silberbestecks. Steht ein Staatsempfang ins Haus?
Wir wollen aufbrechen, unser Bargeld reicht nicht für die Rechnung. Kein Problem, halb Papier, halb VISA wird akzeptiert, nun sind wir auch

die Rubelbündel los. Du staunst, wie klein heute so ein Wechselbrief ist. Ich kläre Dich auf.
Auf dem Weg nach draußen schlägt mir die Schwingtür vors Skipperhaupt. Es wird schummerig im Raum, ein 2 x 2-m-Mann in schwarzer Livree verdunkelt das Etablissement. Es folgt eine verkürzte Mittelstandsausgabe von August dem Starken, nur fehlt die Perücke auf dem kahlen Kopf. Blaue Samtjacke, mit Blumenpailletten verziert, hoher Absatz am Lackschuh. Wir pressen uns an die Wand, lassen die Prozession, die zahlreiche Leibwächter und einige sehr schöne Frauen einschließt, vorbeiziehen und gewinnen rasch die frische Hafenluft. Unklar, ob die Versammlung nur fein speisen oder das Schutzgeldabkommen verlängern wollte. Draußen sehen wir einen goldfarbenen Rolls-Royce. Richtig: eine pferdelose Kutsche für die ganz Reichen. Hinter dem Steuer ein leibhaftiger Kerberos. Bemerkungen aller Art unterlassen wir in Hörweite des Ensembles, wir hängen am Leben. Auch ein kurioser Gedanke: ein Reinkarnierter wie Du spürt Todesfurcht; das müssen wir diskutieren - später.
Das Ganze kann uns St. Petersburg nicht verleiden. Es war eine interessante Erfahrung; ein Sichtkontakt mit der „ehrenwerten Gesellschaft", solange es dabei bleibt, gehört vielleicht dazu. Du verbindest mit „Ehre" etwas anderes, zumindest hörte und las ich von Dir diesen Begriff nur im Zusammenhang mit Tradition und Achtung. Werte wandeln sich - gelegentlich sogar in ihr Gegenteil. Wer weiß das besser als Du. Und mit Gesetzen lässt nicht auch nicht alles regeln. Ein russischer Mafia-Zweig nennt sich voll Stolz „Vory v zakone" - „Diebe im Gesetz". Die gab es schon zu Zarenzeiten. Jetzt stehen sie in Kraft und Saft und Blüte, verderben das Ansehen eines ganzen Volkes, geben Anlass zu schnellem, falschem Urteil, dem der Stammtisch freudig applaudiert.

Wenn Du Gerechtigkeit in den Gesetzen suchst, irrest Du sehr; die Gesetze sollen erst aus der Gerechtigkeit hervorgehen, sind aber oft der Gegensatz derselben. Du kannst hier, wie in manchem unserer Institute, schließen: je mehr Gesetze, desto weniger Gerechtigkeit; je mehr Theologie, desto weniger Religion; je längere Predigten, desto weniger vernünftige Moral. Mit unserer bürgerli-

chen Gerechtigkeit geht es noch so ziemlich; denn die Gewalthaber begreifen wohl, daß ohne diese durchaus nichts bestehen kann, daß sie sich ohne dieselbe selbst auflösen: aber desto schlimmer sieht es mit der öffentlichen aus, und mich deucht, wir werden wohl noch einige platonische Jahre warten müssen, ehe es sich damit in der Tat bessert, sooft es sich auch ändern mag. Dazu ist die Erziehung des Menschengeschlechtes noch zu wenig gemacht, und diejenigen, die sie machen sollen, haben zu viel Interesse, sie nicht zu machen oder sie verkehrt zu machen.

Dixisti.
Und mich deucht, dass die platonischen Jahre noch lange nicht verstrichen sind, wenn man das Auge vom deutschen Teller hebt - auch darauf ist nicht jedes Gesetzeswerk vom Feinsten angerichtet.
Nun könnten wir Dein damaliges Ziel anstreben und nach Moskau mit dem Schiffe fahren, denn seit 1810 gibt es den Wolga-Ostsee-Kanal und seit 1937 den Wolga-Moskva-Kanal. Diese Wege waren Dir verschlossen und deshalb bewegtest Du Dich über Twer und Nowgorod in die alte Hauptstadt.
Und das schilderst Du in den sattesten Farben.

Nun ging eine Höllenfahrt an und dauert ohne große Unterbrechung wahrscheinlich so fort bis Moskau. Der Weg ist das solideste, gröbste, etwas ausgefahrene Steinpflaster mit abwechselnden Knüppelbrücken; das Fuhrwerk gilt zwar für eine Postkibitke, ist aber bloß ein offener, sehr massiver, backtrogähnlicher Karren, Telege genannt, fest auf der Achse liegend und bei jedem Stoß durch alle Sehnen dröhnend. Ich bat um Heu oder Stroh; da war aber selten etwas zu haben, so daß ich in der besten gewöhnlichen Richtung im Kasten auf der Achse saß und nur die Wahl hatte, mich gelegentlich durch eine schlimmere Wendung auf kurze Zeit etwas zu verbessern. Nun jagt der gemeine Russe mit seinen Stahlknochen über kleine und große Steine polternd hinweg, daß die Haare fliegen, und fragt nicht, was Brust und Schenkel des Reisenden dabei empfinden. Das wirft und stößt und dröhnt von dem heiligen

Bein bis in die Zirbeldrüse... Ich setzte mit aller Kraft meine Hände in meine Seiten und hielt mir den Brustknochen so fest, als ich konnte, um mir den Thorax nicht zu zerbrechen. Ist man nun einige Stationen vom Schenkel bis zum Schulterblatt etwas gegerbt und gekerbt, so geht es nachher, bis auf einzelne Kapitalstöße, schon etwas leidlicher, weil man nämlich besser zu leiden gelernt hat.

Da ist doch das sanfte Schaukeln eines Bootes eine wahre Alternative. Weil wir Moskau auslassen, sparen wir uns nicht nur den Weg dorthin, sondern auch die Konversation über die Metropole. Ich habe mich als junger Mensch fast ein Jahr dort aufgehalten und kann vieles bestätigen, was Du darüber schreibst. Insbesondere Deine Meinung zu den großen Denkwürdigkeiten, wie es die Basilius-Kathedrale, die Kreml-Kirchen, die Große Glocke und die Große Kanone sind, teile ich weitgehend; zumindest einigen wir uns darauf, dass es sich um gewaltiges Menschenwerk handelt.

Du schreibst über russische Eigenheiten, besonders über die Liebe zum Wässerchen.

Ich hatte den Vorteil, in einer nicht üblen, ziemlich wohlhabenden Gegend die Landleute an ihrem Pfingstfest zu sehen. Alles war Frohsinn, Heiterkeit und Jubel bis zum Übermaß; und die russische Lebendigkeit war hier recht in ihrem eigentlichen Spiel. Aber nirgends habe ich Unsittlichkeit und Ungezogenheit gesehen, wenn ich einige nicht sehr feine Landflüche ausnehme. Die Kleidung war sehr reinlich und leicht und geschmackvoll und nicht selten ziemlich kostbar ... Die jungen Kerle schritten alle wohlgekleidet und -genährt in dem stolzen Gefühl ihrer Kraft einher ... Alles überließ sich der natürlichen Freude, und die Nationalsünde des Trinkens ward noch etwas merklicher als gewöhnlich, aber ohne die bösen Wirkungen, die man sonst fürchtet. Ich habe weder Schlägerei gesehen noch Zank gehört.

Nationalsünde ist milde gesprochen. Was ich in meiner Moskauer Zeit erleben durfte, nein: musste, ist mit Deinen Worten nicht ausreichend geschildert.
Da waren die Verlorenen vor den Schnapsläden, die nach Gleichgesinnten Ausschau hielten und mit Fingerspiel andeuteten, wieviel Mittrinker sie für eine Flasche suchten, auf dass die rund fünf Rubel, die das halbe Literchen kostete, zusammenkamen. Da war die frisch verheiratete und frisch geprügelte Braut, die ihrem Angetrauten ein Maß setzen wollte, das er am schönsten Tag des Lebens nicht überschreiten sollte. Und da waren die Besinnungslosen, die von der Miliz in offenen Motorrad-Beiwagen zum Vytresvitelj, der Ausnüchterungsanstalt, kutschiert wurden, gern auch bloßen Oberkörpers, zur hämischen Freude eines grimmigen Väterchens Frost.
Der Wodka ist nicht nur das Nationalwässerchen, sondern eine Volkskrankheit in Russland. Und nichts hat bisher dagegen geholfen, weder das Verbot durch den letzten Zaren bei Kriegsausbruch noch die bolschewistische Prohibition bis 1925 und nicht die Bemühungen der Genossen Mineralsekretäre Andropow und Gorbatschow kurz vor dem Ende der Sowjetunion. Präsident Jelzin gab Produktion und Vertrieb wieder frei und befeuerte den Umsatz durch sein persönliches Vorbild. In einer seiner Biografien liest sich das so:
„Hobbys:
1. Boris Jelzin spielte gern Tennis;
2. Alkohol."

Es gibt selten eine Schurkerei, die nicht irgendein sogenannter großer Mann in der Geschichte mit seinem Beispiele so gestempelt hätte, daß sie in einem andern mit Euphemismus genannt wird.

Die Russen sind von großem Selbstbewusstsein, sie schauen auf ihre Geschichte und ihre Siege mit Stolz zurück und man sollte den Bären nicht übers Maß reizen. Wenn es richtig ernst wurde, haben sie sich hinter Licht- und Dunkelgestalten versammelt und den Gegnern richtig weh getan. Iwan der Schreckliche, Peter der Große, Katharina, selbst Stalin sollen in dieser Reihe genannt werden. Der Zarin hast Du mit *„Ü-*

ber das Leben und den Karakter der Kaiserin von Russland Katharina II."* ein literarisches Denkmal gesetzt, in dem viel über den Nationalcharakter des Volkes geschrieben steht. Zwar war die Kaiserin als Sophie Auguste Friederike von Anhalt-Zerbst ins Leben getreten. Aber als eine Verwandte des schwedischen Herrscherhauses Holstein-Gottorf und Cousine ihres späteren Gemahls war sie nicht irgend jemand. Sie erwies sich als geschmeidig genug, um von der ungeliebten 16-jährigen Thronfolger-Ehefrau zur mächtigsten Herrscherin des Russischen Reiches zu werden.
Ob dieser Entschluss erst aufkam, als ihr Gatte sternhagelvoll ins Brautbett stolperte, ist nicht überliefert. Mit Großfürst Peters Zinnsoldaten spielte sie ungern; den Nationalstolz hat sie zugleich mit dem orthodoxen Glauben übernommen.

Du kannst Dir nichts Anmaßlicheres, Verwegeneres, Hohnsprechenderes, Impertinenteres denken, als den Russischen Nationalgeist; nicht den des Volks, sondern der hoffnungsvollen Sprößlinge der großen Familien, die die nächste Anwartschaft auf Ämter im Zivil und bei der Armee haben.

Großen Familien entstehen aufs Neue, der Adel des schnellen Geldes, der dem russischen Ansehen in der weiten Welt nicht dient.
Beenden wir den Ausflug in das Landesinnere, das nur der westliche Zipfel des Riesenreiches ist, kehren zurück nach St. Petersburg und machen uns auf den Weg nach Norden.
Du hattest zu Deiner Zeit geschwankt, ob Du den Abstecher nach Moskau überhaupt unternehmen solltest.

Nun entstand ein Zwist in mir, was ich von hier aus mit meinem übrigen Sommer noch machen sollte, Ich wäre gern in dem Bottnischen Meerbusen hinauf- und oben herumgezogen, um zu Torneo am Ende des Juni das Schauspiel der Sonne um Mitternacht am Himmel zu sehen. Das wäre doch auch noch vielleicht einen Spaziergang auf den Ätna zum Aufgang der Sonne dort oben wert gewesen. Aber es war mir zu früh im Jahre; ich hätte zu zeitig von der Newa Abschied nehmen müssen; und vor allem, ich hätte den Abstecher nach Moskau zu meinen Freunden nicht machen können. Nun waren mir meine lebendigen Freunde in Moskau doch lieber als die Sonne um Mitternacht in Torneo.

Hier unterliegst Du einem verzeihlichen geografischen Irrtum. Torneo, oder Tornio, wie es heute heißt, liegt auf 65° 51' Nord und 24° 09' Ost. Dort gibt es noch keine Mitternachtssonne, das Gestirn bleibt erst jenseits von 66° 34' Nord über dem Horizont. Es fehlen 80 km oder rund zehn Meilen bis dorthin, wo die Sonne am 20./21. Juni wirklich nicht untergeht. Aber was sind zehn Meilen für einen Seume. Die hättest Du doch locker unter die Sohle genommen. Vielleicht segeln hin wir und würden genau zu Mittsommer oben sein. Dort wird angenehmeres Klima herrschen, als Du es bei Deinem Abschied von Petersburg erleiden musstest. Nicht einmal das Bier war gut, wie wir aus Deinem Kennermund vernehmen durften.

Den andern Morgen wandelte ich nun gutes Mutes, links bei der alten Schanze vorbei, immer die Straße fort nach Wiburg zu. Die drei Tage von Petersburg nach Wiburg, zwanzig Meilen, wurden mir sehr schwer, denn es war unerträglich heiß. Der Schweiß troff mir vom Schädel, mehr als irgend jemals, als ich mehrere Stunden mit dem Bataillon unter dem Gewehr stand und nach der Trommel mit Händen und Füßen arbeitete. Das Newawasser wollte mir in Petersburg durchaus nicht behagen, ich mochte versuchen, soviel ich wollte. Es ist rein und hell wie Kristall, aber über alle Begriffe weich; und ich bin immer an hartes Wasser gewöhnt gewesen. Die feineren Biere sind zu stark und die übrigen fast alle mit schlechten Kräutern angemacht, vorzüglich mit wildem Rosmarin. Meine Zuflucht waren also die verschiedenen Arten von Quas oder Wein zu Wasser, wo ich Quas oder Kißlestschie nicht haben konnte.

Armer Temperenzler.

FINNLAND

Finnlands Hin und Her zwischen Schweden und Russland bis zur Eigenstaatlichkeit dauerte fast zweihundert Jahre. Hamina war zu Deiner Zeit schon russisch, das Land nördlich und westlich davon noch schwedisch. Keine fünf Jahre später ging das gesamte Finnenland als Großfürstentum im Russischen Reich auf, mit dem Frieden von Fredrikshamn, dem erwähnten Hamina, das unser erster Hafen sein wird.
Bis dorthin herrscht nun russische Strenge, kein Ankern, kein Anlegen. Nur treue Begleitung durch die Küstenwache und die U-Boote, die ein wenig mit uns spielen. Wir müssen wieder dreißig Stunden auf dem Wasser verbringen.
Das Wetter ist ruhig und kann Dir nichts anhaben. Es klingt Selbstbewusstsein aus Dir, wenn Du von den Fahrten im Englischen Kanal sprichst.

Die letzte Nacht gehört zu den schönsten, die ich auf dem Wasser erlebt habe. Es war ein gewaltiger Gewittersturm auf dem Kanale in der Gegend von Portsmouth. Die zusammengeengte Flotte, das Heulen des Sturms, das Schlagen des Tauwerks, das Rollen des Donners, das Leuchten der Blitze, das grelle Aufhellen der glühenden Wogen und das augenblickliche Schließen zur schwärzesten Nacht, das Rufen und Schreien der Matrosen, das Geläute der Glocken, der ferne, dumpfe Hall der Signalschüsse, das Dröhnen und Krachen der Schiffsfugen und die Angst, daß wir vielleicht über Klippen stürzten - man denke sich die Wirkung des Ganzen auf die entzündete Einbildungskraft!

Nicht jeder hätte diese Nacht zu seinen schönsten gerechnet. Ich habe den Kanal nahe Portsmouth ebenfalls erleben dürfen, bei 45 Knoten Wind auf einem winzigen Segelschiff. Dort lernte ich, dass man unterwegs keine Angst haben muss und sich trotzdem freuen darf, wenn es vorbei ist. Die Hexen der Isle of Wight haben lauthals gelacht.
Hamina. Fredrikshamn. Schöner Hafen. Freundliche Menschen. Trutzige schwedische Festung mit der Wehr nach Osten, gegen die Russen.

Alle Städte hier im russischen Finnland sind Festungen, und das Land gewinnt dadurch überall ein ziemlich kriegerisches Ansehen; wohl mehr als gut ist.

Die Schweden haben viele Wehranlagen errichtet, um das besetzte Finnland gegen den Appetit der Russen zu schützen. Fast alle Städte an der finnischen Küste sind planmäßig angelegte Festungsorte. Das beginnt mit Viipuri, dem schwedischen Vyborg, setzt sich mit Hamina fort, das an der Stelle des Renaissancestädtchens Vehkalahden Uusikaupunki entstand und in eine Festungsstadt umgewandelt ward von Fredrik I., der es in einiger Bescheidenheit nach sich selbst benannte: Fredrikshamn. Vor Loviisa liegt die Seefestung Svartholm. Dann die Hauptstadt Helsinki mit der Riesenfestung Suomenlinna. Die Beispiele sind Legion. Heute wirken die Befestigungen interessant bis schaurig, zu Deiner Zeit waren sie Machtsymbole, düster, abweisend, furchterregend.

Die Finnen sind verhältnismäßig zu ihren Stammbrüdern, den Esten jenseits des Meerbusens, eine offene, feine, wackere Nation, deren Charakter aber freilich nicht ausgezeichnete Energie ist. Das Land hat durchaus seit der russischen Besitznehmung eher verloren als gewonnen; ein Phänomen, das sich leicht erklären läßt. Dessen ungeachtet herrscht, in Vergleichung mit den Esten und Letten, hier noch ein Grad von Kultur und persönlichem Wohlstand, den man auf dem Lande an der Düna und der Embach vergebens sucht.

Die Schweden haben mit ihren Werten, ihrem Expansions- und Herrschaftswillen in Finnland eine Kulturlandschaft gestaltet, die deutliche Spuren skandinavischer Lebensweise aufweist, von Tatendrang und von Gier auf Neues zeugt. Die russische Verwaltung konnte mit dieser Mentalität nicht viel anfangen und tat wenig, das Eroberte zu erhalten und zu befördern.

Der Landmann wird wahrscheinlich dort durch alle wohltätig scheinende und wirklich so gemeinte Verordnungen der Regierung wenig gewinnen; so wie er hier in Gefahr ist, täglich immer mehr zu verlieren. Von der Eigenmacht und der Bedrückung der kaiserlichen Beamten und der größeren Machthaber erzählt man auch hier überall empörende Beispiele, mit allen nötigen Belegen und Beweisen. Katharina die Zweite hatte die finnischen Bauern stets in Verdacht, daß sie heimlich schwedisch gesinnt wären. Das ist nun wohl kein Wunder, da sie der willkürlichen Bedrückung so sehr preisgegeben werden. In Schweden herrscht Humanität, und es geht gut; hier will man mit der Peitsche treiben, und es geht schlecht.

Für Dich war es von großem Übel, in Finnland neben Leuten zu stehen und sie nicht zu verstehen. So berichtest Du von einer frustrierenden Begegnung bei Kymengorod, nördlich von Fredrikshamn:

Ein junger Mann, der spazierenging, ein Offizier aus der Festung, gesellte sich am Fluss zu mir und fragte freundlich, woher? und wohin? Mein Aufzug und meine Sprache mochten ihm gleich fremd vorkommen; denn ich spreche das Russische schlecht und das Finnische gar nicht. Das nämliche war sein Fall mit dem Französischen und Deutschen.

Ihre Sprache macht sie ein wenig einsam, die Finnen. Mit den Esten können sie sich leidlich verständigen, mit den Ungarn schon nicht mehr. Vor über 3.000 Jahren haben sich die Stämme getrennt, da sind die Vokabeln nicht mehr wiederzuerkennen. Die Letten haben gar nichts mit dieser Sprachfamilie zu tun. Sie sind nämlich Indoeuropäer und keine Uralier.
Weil jedoch in Finnland die zweite Amtssprache Schwedisch ist, gibt es eine Chance, ein paar Worte zu erschließen.
Ein Phänomen haben wir in den Baltenrepubliken und in Finnland erleben können: In dem Wissen, dass sich die große Welt wenig Mühe gibt,

die „unbedeutenden kleinen Idiome" zu erlernen, verfügen die Menschen über erstaunliche Fremdsprachenkenntnisse. Nackte Notwehr.
Dein damaliger Weg war küstenfern, erst in Helsinki treffen sich die Routen wieder.
Eine erste Wortmeldung von finnischem Gebiet kam aus Sippola:

> *Ich wette hier mein bestes Stück Lachs aus der Woxa und einen ganzen Korb voll Mamurami, du weißt nicht, in welchem Winkel der Erde Sippola liegt; und weder Büsching noch Schlözer noch Gaspari können dir helfen. Höre also, Sippola ist ein gar feines Dörfchen in dem nordischen Paradies der Lappen, Russisch-Finnland, etwas aus dem Wege nordwärts, zwischen Wilmanstrand und Friedrichsham. Die Länge und die Breite habe ich nicht gemessen: ich kann dir also nur davon sagen, daß herrliche Beeren da wachsen, daß das Korn noch hohe Wellen schlägt und daß man sich ein noch ziemlich idyllisches Haberrohr schneiden kann; welches mehr ist, als du vielleicht in der Nachbarschaft der Lappen vermutest.*

Mit Länge und Breite kann ich gern helfen: es liegt auf 60°52' Nord und 26°42' Ost. Aber dass Du hier die Lappen gefunden hast, verwundert mich arg.
Lass' uns über die Völkerkarte Finnlands beugen und nachschauen. Danach leben die Samen, wie sich die Lappen heute nennen, nördlich des Polarkreises. Sie sind vor allem auf der Halbinsel Kola, in Nordschweden und Nordnorwegen präsent. Keine dieser Gegenden hast Du jemals betreten und auch wir werden es nicht tun.
Irgendwo wirst Du Dich belesen haben. Ob sich alle Geografen und Reiseschriftsteller zu Deiner Zeit ihrer Sache sicher sein konnten, steht in den Sternen.
Wenn die Samen heute darauf bestehen, nicht mehr Lappen gerufen zu werden, weil das auf Finnisch „Ödland-" oder „Grenzlandbewohner" bedeutet, so darf man „Samland" dennoch nicht in dieser Ecke suchen. Samland ist eine historische Landschaft im ehemaligen Ostpreußen, am Kurischen Haff. Dort sind wir vorbeigesegelt. Der Begriff stammt von

den Dänen. Die nannten die Bewohner der Halbinsel nämlich Semben.
Etymologie, Dein Steckenpferd, kann auch in die Irre führen.
Verplaudert. Nehmen wir Kurs auf Helsinki.
Dein Weg zu Lande von „Lappland" dorthin war nicht ohne.

Von da bis Helsingfors ward es mir unerträglich heiß; weit heißer, als es mir um den Ätna und in der Lombardei geworden ist. Die Wirtshäuser waren weit voneinander entfernt und eben noch nicht sehr gut. Sie sahen von außen schön und freundlich und einladend aus; aber gewöhnlich war nichts darin zu haben als sehr saures Bier und sehr grobes Brot und sehr schlechte Butter. Nun waren diese Gasthäuser auch zugleich die Posthäuser, und ich merkte, daß man doch nicht außerordentlich billig war und mich in der Rechnung das Postgeld mit bezahlen ließ. Denn die ehrlichen Schweden schienen sich einzubilden, daß ich ein milzsüchtiger Grillenfänger sei, dem man seine Phantasie mit einrechnen müsse. Die schwedischen Meilen sind bekanntlich verdammt groß, und das Postgeld ist nicht stark. Man fährt sehr schnell und nur mit einem einzigen Pferd, wenn man so leicht ist, wie ich bin. Ich setzte mich also auf eine Postkarriole und ließ mich weiterspedieren; erstlich, der Hitze zu entgehen, zweitens, um schneller fortzukommen, und drittens, weil es durchaus nichts mehr kostete, sondern vielleicht noch wohlfeiler war als das Fußwandeln.

Es macht Dich menschlich und ich fühle mich auf Deiner Augenhöhe, wenn Du Deine Grundsätze einmal aufweichst und das Pragmatische vor das Prinzipielle stellst.
Vor Helsinki haben die Götter und die Eiszeit manche Meile gesetzt, wir ankern in Ruhe und Gemütlichkeit, haben Zeit zum Klönsnack. So nennt man ein mehr oder minder sinnhaltiges Gespräch unter deutschen Seeleuten.
Eines der häufigsten Worte in Deinen Werken lautet: Privileg.
„Vorrecht" nennst Du eines der Grundübel menschlicher Gesellschaft und es sei Ursache für die großen Ungerechtigkeiten.

Der Erfinder und Einführer des ersten Privilegiums ist gewiß ein Zwitterding zwischen Schurken und Dummkopf gewesen ... Wer das erste Privilegium erfunden hat, verdient vorzugsweise so lange im Fegefeuer in Öl gesotten oder mit Nesseln gepeitscht zu werden, bis das letzte Privilegium vertilgt ist.

Klare Worte. Hast Du gehofft, dass der Mensch so reifen könnte, dass er die Vorteile abschaffen würde? Dort, wo es scheinbar geschah, entstanden neue, meist noch ungerechtere Privilegien. Das tat besonders weh, wenn die „Reformer" gleichmacherische Losungen auf ihre Fahnen schrieben und in die Massen brüllten, wenn sie große Hoffnungen erzeugten, um ihren Worten später umso konsequenter zuwider zu handeln. Die Enttäuschungen sind gewaltig und die Ideale für lange Zeit verraten und verdorben.

Dein Dichterkollege Heinrich Heine, der letzte Poet der Romantik, der den Reisebericht zur Kunstform erhob und Dir damit würdig nachfolgte, wusste es in Verse zu fassen. Er kam in seine Heimat, nach Deutschland, zurück und nahm als erstes wahr:

> Ein kleines Harfenmädchen sang.
> Sie sang mit wahrem Gefühle
> Und falscher Stimme, doch ward ich sehr
> Gerührt von ihrem Spiele.
> ...
> Sie sang das alte Entsagungslied,
> Das Eiapopeia vom Himmel,
> Womit man einlullt, wenn es greint,
> Das Volk, den großen Lümmel.
>
> Ich kenne die Weise, ich kenne den Text,
> Ich kenn auch die Herren Verfasser;
> Ich weiß, sie tranken heimlich Wein
> Und predigten öffentlich Wasser.

Das war vor 170 Jahren. Sei nicht enttäuscht, es hat sich nicht viel geändert.

Subtiler ist es geworden, nicht anders, schon gar nicht besser. Zum Privileg streben alle, jeder sucht den kleinen Vorteil; manchem wird das Privilegium der Aufmerksamkeit erst nach dem traurigen Ende zuteil.

Beispiele sollen Dich erschüttern.

Ein Flugzeug stürzt in die Tiefe, 150 Menschen sterben, weil ein lebensmüder Pilot sie mitnimmt in seinen Tod.

Wochenlang ist das Ereignis erstes Thema in der Öffentlichkeit. Sondersendungen, Titelseiten und überlange Dokumentationen berichten von der Katastrophe. Die Regierenden aller Staaten, aus denen die Opfer stammen, reisen an, finden tröstende Worte und sichern Hilfe zu. Die Geldhähne der Länder und der Unternehmen werden weit geöffnet.

Eineinhalb Jahre zuvor waren zwei Schiffe vor der Insel Lampedusa gesunken, gerade einmal hundert Meilen südwestlich von Deinem Syrakus. Über 400 Menschen, die vor dem Elend in ihrer afrikanischen Heimat fliehen wollten, ertranken qualvoll. Nach dem ersten Schock ging man zügig zur Tagesordnung über, keine Spitzenpolitiker weilten vor Ort.

Inzwischen sind solche Zahlen Gewohnheit geworden. Man raunt von 4.000 Toten allein im Jahre 2014. Trost für die Menschen bleibt aus, gegen die Überlebenden wird wegen illegaler Einwanderung ermittelt.

Die Politiker waschen sich die Hände in Unschuld, mit dem Wasser, in dem die Menschen ertranken.

Man wolle sich auf die „Abwehr" der Flüchtlinge konzentrieren, nicht auf deren Rettung. Inzwischen sind Leichen auf dem Mittelmeer kaum noch eine Zeile wert. Wegsehen mit Kalkül: Europa lässt sterben. Geld haben wir eh' nicht.

Der deutsche Regierungssprecher befleißigte sich des multiplen Konjunktivs:

Wenn ein neuer Rettungseinsatz nach Art der früheren EU-Mission Mare Nostrum „ein weiterer Baustein in einem Maßnahmenpaket" wäre, „dann würde sich die Bundesregierung dem möglicherweise nicht verschließen".

Da spürt man überdeutlich Verantwortung und politischen Willen. Es ist ein Jammer: Selbst dem Tod grinst noch ein Privileg aus dem leeren Kiefer. Er ist weder gerecht noch der große Gleichmacher.
Inzwischen spricht man nicht mehr von den zehntausenden Toten. Millionen Lebende fordern Teilhabe am Wohlstand. Der deutsche Michel wird unruhig.
Nun wird Optimismus gepredigt: „Wir schaffen das" ist die zentrale Losung. Schaffen wir „das" wirklich?
Der Terror klopft an unser Tor. In einem russischem Flugzeug löscht eine Bombe über der Sinai-Halbinsel 224 Leben aus. In Paris sterben 130 Menschen im Kugelhagel der Islamisten. Man sollte über die sehr unterschiedlichen Reaktionen des „Abendlandes" auf diese Taten nachdenken,

Man wird zum Gotteslästerer und Vernunftleugner beim Blick auf die Welt, und doch ist dieser Gedanke an Gott und Vernunft das einzige Heilige und Große, war wir haben. Der Rest ist Schlamm und Sumpfluft.

Das Firmament bleibt rot und schwarz. Die Dämmerung vergeht nicht. Wir grübeln vor uns hin. Ich bleibe angesichts des Himmels bei Stendhal hängen: „Rot und Schwarz". Der Ursprung des Romantitels ist nicht belegt. Vielleicht sah der Dichter diese Farben im flammenden Widerschein Moskaus, als er an Napoléons Russlandfeldzug teilnahm. Du schweigst. Gern würde ich die Grübeleien teilen. Aber Du wirkst unnahbar. Deine starken Brauen haben sich aufgestellt.

Sobald ich in Gedanken geriet und etwas Eigenes oder Fremdes ruminierte, traten die Runzeln wie Furchen auf die Stirne, und die Augenbrauen zogen sich finster zusammen. Das ist geblieben, und man hat mich oft für melancholisch mißmutig gehalten, wenn ich meine seligsten Gedanken hatte.

Stimmt, so scheint es. Ich krabbele unter Deck und stecke den Kurs für morgen ab. Er führt durch die Inseln, Inselchen und Felsen des südfin-

nischen Archipels. Morgen früh wirst Du neugierig auf die Karten schauen, die Deinem Auge fremd sind in ihrer Farbigkeit, Symbolik und Klarheit, aber Du wirst sie schnell erfassen und mir die Kurse zurufen, die es zu halten gilt, um sicher nach Helsinki zu segeln.
Was knurrst Du im Einschlafen?

Der sybaritische Amtmann am Rheine, der die Nachtigallen wegschießen ließ, weil sie ihn im Schlafe störten, könnte keine bessere Kur brauchen als eine Reise über den Ozean

Sage ich doch. Auch wenn es kein Ozean ist, Meer bleibt Meer.
Das Morgenlicht flimmert durch die Türme und Zinnen der Festungsanlagen von Suomenlinna. Es erstaunt mich, dass Du Helsinki, das Du als Helsingfors sahest, mit einer einzigen Bemerkung bedenkst:

In Helsingfors spricht der Postmeister deutsch und hält ein sehr gutes Haus ...

Damals hatte die Siedlung keine große Bedeutung, erst später wurde sie die Hauptstadt von Russisch-Finnland und löste Turku ab.
Aber die Riesenfestung, deren Bau 15 Jahre vor Deiner Geburt begann, müsste Dir doch einen Blick und einen Besuch wert gewesen sein. Damals hieß sie noch Sveaborg, auf Finnisch Viapori, was das Gleiche bedeutet: die Schwedenburg. Erst 1918, mit der Unabhängigkeit, erhielt sie die stolze Bezeichnung Suomenlinna, die Finnenburg. Man nennt sie auch das „Gibraltar des Nordens" und Vauban könnte beim Bau Pate gestanden haben.
Mannerheim hat dort während des „weißen Terrors" mal eben 2.000 „Rote" abschlachten lassen.
Weniger bedeutende Anlagen hast Du ausführlicher betrachtet.

In Kymengorod sind die Schanzen und die militärischen Arbeiten schon weit gediehen ... Mir kommt die Lage der Festung doch etwas bedenklich vor; denn es ist nicht weit davon eine Felsenhöhe, von der man sie ziemlich wird ängstigen können: und diese Anhö-

he selbst ist wegen der Umgebungen auch nicht sehr haltbar. Doch wenn die Stadt nur gedeiht, kann man die Festung leicht entbehren: und die besten Verteidigungen sind immer wackere Leute, die mit der Bajonettspitze draußen tapfer das Feld halten.

Seit 40 Jahren ist in Suomenlinna das Militär der Kultur gewichen. Gut so.
So etwas könnte gern weltweit Schule machen: das Pentagon als Rock'n'Roll-and-Sex-and-Drugs-Museum, die Hardthöhe in Bonn als Forschungszentrum zu Laktoseintoleranz, Veganismus, Helene-Fischer-Hype sowie ähnlichen Zeitgeistanomalien und aus den Moskauer Bauten des Minoborony ließe sich eine wunderschöne Allrussische Ballett- und Schachschule herrichten.
Die finnische Hauptstadt wirkt in ihrem Kern sehr klein; man hat das Zentrum schnell durchschritten. Das Gemisch der Stile ist beeindruckend, überwiegend Klassizismus, der Dom ist die Krönung. Den siehst Du jetzt zum ersten Male, denn mit seinem Bau wurde erst zehn Jahre nach Deinem ersten Hiersein begonnen, von einem Deutschen, Carl Ludwig Engel, der viel Architektonisches in Finnland und Schweden produzierte.

Finnland ist eine ungeheure Granitschicht, zwischen welcher sich hier und da schöne, fruchtbare, bebaute Niederungen hinziehen.

Stimmt, es geht sehr bergig zu in Helsinki, das Ganze ist auf Felsen gegründet und Keller haben die Häuser wohl alle nicht.
Die Stadt atmet Tradition, ganz verschiedener Art.
Uspenski Sobor, die russisch-orthodoxe Riesenkirche vom Ende des 19. Jahrhunderts, sollte weithin sichtbar machen, wer in Finnland das Sagen hat.

Ich habe auf mancher Kirche sieben Türme gezählt; und unter dreien sieht man in Rußland selten eine, weswegen die Rechtgläubigen Ketzerei rochen, weil die Isaakskirche in Petersburg nur zwei Türme hat.

Allerdings konnte die Maria-Entschlafens-Kathedrale nur 50 Jahre lang zum Ruhme der russischen Herrscher und ihrer Kirche ihren Glockenschall über Helsinki verbreiten, dann war es mit der orthodoxen Pracht vorbei.
Überall ist erwähnter Mannerheim präsent, ein Marschall, der im Winterkrieg den Roten Armeen trotzte und später Präsident wurde. Er stammte aus dem schwedischen Adel, sprach angeblich gut Chinesisch, aber ein miserables Finnisch. Seine Verehrer nennen ihn „Retter des Vaterlandes", seine Gegner den „blutigen Baron". Verrückt.

Wenn man die Geschichte liest, gerät man oft in Gefahr zu fragen: »Ist es ehrenvoller, ein Volk zu regieren oder gehenkt zu werden?«

Noch heute „ziert" die Flagge des finnischen Staatspräsidenten und die Stander von Luftwaffeneinheiten ein Hakenkreuz. Du kannst nicht wissen, welch grausame Assoziationen das uralte Sonnensymbol im 20. Jahrhundert hervorgerufen hat. Sei froh, denn das übersteigt selbst Deine Vorstellungskraft.

Ob die Menschen Vernunft haben, ist mir entsetzlich problematisch; ich habe wenigstens in ihren politischen, philosophischen und öffentlich moralischen Vorkehrungen sehr wenig davon wahrgenommen.

Anderes ist sehens- und bedenkenswerter. Vor über 60 Jahren fanden hier die Spiele der XV. Olympiade statt. Ein französischer Edelmann mit römischen Wurzeln kam auf die lobenswerte Idee, die Wettbewerbe der Griechen wieder zu beleben, 1896 war es in Athen soweit. Heute ist Olympia vor allem eines: blanker Kommerz. Das hatte Pierre de Frédy, Baron de Coubertin, bestimmt nicht im Sinne.

Nur Geld sucht man zu gewinnen und aufzuschütten; als ob nur allein Geld der Maßstab der Glückseligkeit eines Volkes wäre.

So lehrt es uns das Leben und man muss sich dagegen wehren und Charakter zeigen, wenn man dem Gelde nicht alles unterordnen will. Das ist in meiner Lebensära immer deutlicher geworden. Dem olympischen Bau in Helsinki sieht man an, dass damals der Sport noch über den Mammon zu obsiegen wusste.
Viele frohe Menschen wuseln in der Stadt herum. Wahrscheinlich Sommerfinnen.

Der schwedische Finnländer ist heiter und munter und reinlich gekleidet und zeigt Kraft und Selbständigkeit. Die Weiber sind meistens groß und wohlgebildet und oft sehr schön; vorzüglich auf dem Lande, wo ihnen die leichte Nationaltracht eine fast griechische Erscheinung gibt. Kommt man in die reinlichen, netten, meistens rot angestrichenen Häuser, so findet man freilich des köstlichen Mundvorrats nicht viel; aber alle sind bei dem wenigen so froh und freundlich und teilen so gern und willig mit, daß eine sehr überfeinerte Seele dazu gehört, sich bei ihnen nicht wohl zu befinden.

Winterfinnen sollen dagegen mehr der Melancholie unterliegen. Böse Zungen sprechen von den drei „S": Schweigen, Saufen, Suizid.
Noch ein „S" darf nicht fehlen: Sauna. Nirgendwo wird man gefragt, ob man in die Sauna möchte. Sondern stets: wann?
In Deiner Reisebeschreibung wird das finnische Dampfbad nirgendwo erwähnt. Gab es das noch nicht? Kaum zu glauben.
Sauna ist Privatsache. Die im Hier und Heute bei uns üblichen Mixturen aus Bekannten und Unbekannten, Weiblein und Männlein sind nicht Usus. Das haben wir beim ersten Saunabesuch erfahren dürfen, als wir nach genau einer Stunde von unserem „Nachfolger" der Hütte verwiesen wurden, mit der launigen Bemerkung „Your time is over". Aber es scheint ohnehin nicht Dein Ding zu sein.
Man könnte noch ein fünftes „S" anfügen: Spielsucht.
Riesengroße Fragezeichen in Deinen Pupillen angesichts der vielen Spielautomaten in den finnischen Geschäften. Vornehmlich die Supermärkte warten hinter den Kassen mit einer Vielzahl an einarmigen Banditen auf.

Neben den dort hockenden erkennbar Spiel-Süchtigen wirft auch Oma Hämäläinen etwas Kleines ein; Onkel Virtanen fordert mit dem Wechselgeld von der Kasse sein Glück heraus und zieht erst von dannen, wenn die Münzen verbraucht sind.
Allerorts ein Überangebot an Lottoläden und Losverkäufern. Studien behaupten, dass es in Finnland prozentual viermal so viele pathologische Spieler als in Deutschland gebe.

Ich tanze und spiele nicht ...

Johann Gottfried, Deine Zurückhaltung in allen Ehren, aber lass' doch nicht allzu Menschliches Dir derart fremd erscheinen. Schwächen machen sympathisch, man erkennt sich selbst viel besser wieder.
Helsinki löst sich in Konturen auf und versinkt im morgendlichen Dunst, wir nehmen Turku auf den Bug. Die ehemalige finnische Hauptstadt, die Du bei ihrem schwedischen Namen Åbo nennst, ist die älteste Stadt des Landes.
Auch Finnland hatte seinen Agricola, einen Mikael nämlich, der mit dem Glauchauer Mineralogen weder verwandt noch verschwägert, sondern Bischof von Turku war, nachdem er bei Luther, Melanchthon und Bugenhagen in Wittenberg studierte. Er übersetzte das Neue Testament und wurde zum Begründer der hiesigen Literatursprache. Sozusagen der finnische Luther. Eigentlich hieß er Mikael Olavinpoika, nach guter nordischer Sitte: „Sohn des Olav". Im Geiste der Renaissance legte er sich einen lateinischen Beinamen zu: Agricola, der „Bauer". Ob er seinen Zeitgenossen und Fremdnamensvetter Georgius kannte, wissen wir nicht; es ist auch nicht wichtig für die Bedeutung der Epoche.
Was hast Du mir von Åbo zu erzählen, von Deinem Sommer?

Jeder Schwede hat hier um sein Haus seine eigene Pflanzung Tabak, und man sieht in der Gegend von Abo schon ganze Flächen mit diesem Giftkraut verdorben. Ich kann mir nicht helfen, ich empfinde jedesmal sehr unangenehm, wenn ich auch in meinem Vaterland ganze große, schöne Felder damit bepflanzt sehe und mir der betäubende Giftdunst des stinkenden Unkrauts entgegenzieht. Eine seltene Verkehrtheit, der Gebrauch des Tabaks.

Da ist es wieder, Dein Abstinenzbekenntnis, wobei ich Dir in Bezug auf den Tabak von vollem Herzen zustimme. Unbestritten ist das Gesundheitsschädliche in diesem Kraut, vom Odeur der Raucherinnen einmal ganz abgesehen. Das war alles, was von Åbo in Deinen Sinne blieb?

Abo soll, wie man mich versichert, zwölftausend Einwohner haben; welches ich auch nicht übertrieben finde.

Heute sind es fünfzehnmal so viele Bürger, damit ist Turku die zweitgrößte Stadt Finnlands.

Die Universität ist ungefähr dreihundert stark. Da eben Ferien sind und wenige Professoren sich in der Stadt befinden, habe ich niemand hören können. Das neue akademische Gebäude gleich hinter der Kathedralkirche wird der Stadt Ehre machen; wenn es gleich nicht so prächtig wird, als die hiesigen Schweden es behaupten wollen.

Jetzt gibt es hier zwei Universitäten, die finnische TURUN YLIOPISTO mit 20.000 und die schwedischsprachige ÅBO AKADEMI mit 8.000 Studenten.

Der Fluß Aurajocky hat schlechtes Wasser und ist von unten nur bis an die Brücke schiffbar; oberwärts der Brücke gehen nur kleine Kähne.

Daran hat sich nichts geändert, an den Ufern sind allerdings große Hafenanlagen entstanden. Wir legen direkt vor der Brücke an Backbord an, um zu schauen, was in den über 200 Jahren seit Deiner ersten Reise geschehen ist.

Das alte Schloß unten am Ausfluß der Aura, ungefähr eine halbe Stunde von der Stadt, ist eben nicht wichtig; nicht einmal so wichtig, als es Acerbi macht; ob es gleich fast von drei Seiten mit Wasser umgeben ist. Auch die schwedischen Militärs selbst geben es für nicht viel aus.

Dazu zwei Gedanken: Guiseppe Acerbi könnte Dir als Vorbild gelten, hat er doch eine Reise von Italien zum Nordkap unternommen und zwar vier Jahre vor Deinem sizilianischen Spaziergang. Viel hat er gesehen und beschrieben von Helsingborg über Stockholm, Uppsala, Åbo und ganz Finnland bis zum nördlichen Ende des Kontinents. Du hast Dich mit ihm beschäftigt und kreidest ihm manches an, was aus Deiner Sicht nicht korrekt ist. Wir können das nicht überprüfen, denn es ist Deine persönliche Meinung und damit subjektiv, doch Dein Gesamturteil spricht Bände:

Mit Acerbis „Reise" sind die Schweden sehr übel zufrieden, leugnen aber doch nicht, daß viele Wahrheiten darin stehen und daß das Buch mit Geist und Leben geschrieben ist. Mehrere Irrtümer habe ich sogar auf meinem kurzen Durchzug zu entdecken Gelegenheit gehabt, die ihm noch nicht alle gerügt worden sind. Es ist indessen nicht zu leugnen, er hat in so kurzer Zeit viel bemerkt; und man muß sich wundern, daß sein Buch, da es in so kurzer Zeit so viel enthält, nicht noch mehr Unrichtigkeiten hat.

Mit Verlaub, Deine Meinung von Dir und Deinen Ansichten ist recht hoch, wiewohl Du diesen Eindruck ungern bestätigst:

Ich mache weiter keine Apologie darüber, sondern stelle die Dinge vor, wie ich sie sah. Ich bin mir der reinsten Absichten bewußt, ohne jemand meine Ansicht aufdringen zu wollen. Wenn meine Urteile zuweilen etwas hart sind, so liegt das leider in der Sache: ich wollte, ich hätte überall Gelegenheit gehabt, das Gegenteil zu sagen.

Dazu sage ich nichts; Frieden an Bord ist das höchste Gut und ich bin ohnehin mehr der Mann der Kompromisse. Überspringen wir diese Differenzen und gehen zur Burg, zum alten Schloss.
Es ist Montag - ein Ruhetag. Die Tore sind verrammelt und Burg Turku macht den abweisenden Eindruck, den sie anrückenden Gegnern vermitteln sollte. Dabei kommen wir in friedlicher Absicht, wollen lediglich mehr erfahren über das größte mittelalterliche Gebäude Finnlands.
Und wer dort alles weilte:
Bengt Birgersson, Waldemar Magnusson, Gustav I. Wasa, Johann III. samt Gattin Katharina Jagiellonica, der Renaissance-Herrscherin, Erik XIV. und schließlich Gustav II. Adolf.
Letztendlich diente TURUN LINNA ein Jahrhundert lang als Gefängnis und lieferte die allgemeine Bezeichnung für den Knast im Finnischen: „Linna".
Man könnte streiten, ob die Burg unwichtig ist. Aber sicher siehst Du das wieder nur aus der Sicht des alten, erfahrenen Militärs.
Die Abende und Nächte sind still in Turku. Es regnet. Tristesse überzieht die Stadt, den Hafen, den Himmel, den Fluss. Gelegenheit, wieder einmal ins Schwatzen zu kommen. Wir geben preis, woher unsere Namen kommen.

Ich kam mit dem Hubertusburger Frieden an; man nannte mich also Gottfried, und Johann wurde vorgesetzt, weil es ein alter Vetter, auf den man in der Familie etwas hielt, durchaus haben wollte.

Aha. Nun zu mir. Bernd war als Vorname am Ende der vierziger Jahre weit verbreitet, die Erinnerung an die deutsche Rennsportgröße Bernd Rosemeyer war allenthalben wach und daher wurde ich so getauft. Mein Vater fuhr übrigens Motorradrennen und ruinierte damit den traurigen Rest seiner Gesundheit. Irgendwo muss meine leichte Bekloppheit ja herstammen.
Und Otto, mein zweiter Vorname? So hieß mein Großvater mütterlicherseits, den ich nicht mehr kennen lernen konnte. Ihn hatte Buchenwald gebrochen, auch wenn er es nach ein paar Wochen wieder verlassen durfte.

Rennsport? Motorradrennen? Buchenwald?
Ich versuche, es Dir zu erklären. Der letzte Begriff ist wohl der schwerste. Nein, doch nicht. Du hast dafür einen Satz:

Wer laut vernünftig ist, wird entweder von den Fremden erschlagen oder von den einheimischen Bütteln ins Tollhaus gebracht.

Erstaunlich. Was Du schon über den Österreicher aus Braunau zu sagen wusstest, den Du nicht kennen konntest. Du hattest bei Deiner Sentenz einen anderen im Sinne.

Es ist Schande für die Deutschen, daß ein Fremder sie beeinträchtigen kann, und es ist noch größere Schande für sie, daß ein Fremder ihr Retter sein soll.

Beide Fremde, der, den Du meintest und der, der mir vor Augen steht, waren nicht die Retter, sondern die großen Verderber des Vaterlandes. Es ist schlimm, dass Dein Wort noch immer wahr ist:

Es wird der Welt nie an Tyrannen fehlen, da sie voll Weggeworfenheit und Sklavengeist ist.

Ist es verwunderlich, dass sich Menschen nach Diktatoren sehnen? Sklaventum bedeutet doch auch, dass man keine Verantwortung für sein Tun trägt. Ob man mit der Peitsche oder mit der Meinungsmache in die Unterwerfung gezwungen wird, macht nur den Unterschied, dass letzteres nicht weh zu tun scheint.
Der finnische Dauerregen befördert melancholische Gedanken und Gespräche.
Seeluft macht den Kopf frei. Lass' uns ablegen und den Bug nach Westen wenden.
Die Ålands warten, wir folgen Deinem uralten Kielwasser, durch die Turku-Schären nach Ahvenanmaa, wie der Archipel auf finnisch heißt. Dieser Name ist nicht sehr wichtig, denn dort redet man ausschließlich schwedisch.

Den großen Umweg über Tornio, oder, wie Du es nennst, Torneo, lassen wir weg, Du bist ihn nicht gegangen und es lohnt nicht, weil es dort keine Mitternachtssonne gibt. Wir sprachen darüber.
Ich habe diesen Ort bereits gesehen, unterwegs gibt es Stationen, die auch Deiner Aufmerksamkeit wert gewesen wären: die schöne Stadt Uusikaupunki, die geheimnisvolle winzige Insel Maakalla mit den Überbleibseln heidnischer Bräuche und der alte Handelsplatz Oulu. Hier sahen wir zur Mitternacht zwar keine Sonne, doch einen Regenbogen, dessen Schönheit mir niemals aus dem Sinn gehen wird.

ÅLAND

Der Inselwelt widmest Du kaum einen Satz, nur die Überfahrt hat Dich, im Wortsinne, bewegt.

Die Fahrt über den Meerbusen ist gar nicht unangenehm, wenn man ein guter Elementer, nämlich an das Element gewöhnt ist. Ich nahm mir Zeit und habe zwei Nächte ganz ruhig bei den Ichthyophagen geschlafen. Mich deucht, ich muß auf der Überfahrt zum wenigsten zweihundert Inseln gesehen haben, größere und kleine, fruchtbare und unfruchtbare, bewohnte und öde. Man windet sich oft durch ein sonderbares Netz von Inseln hin, die niemand als Möwen zu Besitzern haben.

Besser kann man die Wirkung der Turku-Schärenwelt und des Åland-Archipel auf den Seemann nicht schildern. Es heißt, einem altnordischen Troll seien beim Durchschreiten der Bottensee große Erdklumpen und Riesensteine aus dem Ledersacke gefallen. So entstanden die vielen, vielen Inseln. Er musste seine Heimat im Schwedenland verlassen, weil die Menschen dort ihren Glauben an seine Kraft verloren hatten.

Als ich von Lappwessi ausfuhr, war es schon ziemlich spät; die Sonne ging bald golden unter und der Mond silbern auf.

Von Deinem Lappwessi habe ich keine Spur gefunden, außer einem Niels Bengtinen, der von dort stammte und sich 1688 in die Matrikel der Universität Helsingfors eintrug. Irgendwo bei Turku wird es schon gelegen haben. Vielleicht gibt es den Ort noch, unter einem anderen, möglicherweise finnischen, Namen?

Die Wirkung der späten Abendröte und des fast vollen Mondes auf der spiegelglatten stillen Wasserfläche zwischen unzähligen Granitinselchen, die nur hier und da einiges Gestrüpp hatten, war außerordentlich magisch. Es war so hell, daß wir auf einer von den

Inseln, wo wir zur Pause anhielten, Erdbeeren suchen konnten, die jetzt hier noch herrlich dufteten. In Kumlingen blieb ich; und es war auf der kleinen Insel so freundlich, als es nur in einem Dörfchen am Zuger See sein kann.

Wir ankern vor diesem Kumlinge, auf halbem Weg zwischen Turku und Mariehamn und Du stellst fest, dass sich überhaupt nichts geändert hat. Auch das kann sehr schön sein: die Nicht-Veränderung in einer rasenden Welt.
Bomarsund und Eckerö werden wir uns ansehen. Dir kommen die Erinnerungen, und die Freude am Wiedererkennen steht in Deinen Augen. Dabei war Deine Fahrt ab Kumlinge nicht ganz ohne Fährnisse:

Das Wetter war nebelig und kalt, der Sturm blies stark, die See ging hoch ... Dabei setzte ich mich denn ganz ernsthaft in meine Behaglichkeit und freute mich, daß mir das Element nichts anhaben konnte; es müßte mich denn ganz verschlingen, wie es wirklich einigemal drohte.

Diesmal gibt es schöne Winde und harmlose Wellen und so segeln wir nach Mariehamn, das Du mit keinem Wort erwähnst. Wie auch, entstand die Siedlung doch erst um 1860 auf Befehl des Zaren Alexander II., der sie nach seiner Gemahlin Maria Alexandrowna auf „Marienhafen" taufen ließ. So heißt denn die einzige Stadt der Ålands auf schwedisch „Mariehamn" und auf finnisch „Maarianhamina".
Heute gibt es dort rund 11.000 Menschen und ein Lagting, das regionale Parlament der Inselgruppe.
Es wird Zeit, Dir ein wenig von den politischen Eigenheiten dieser Gegend zu erzählen. Die Inseln waren seit dem Mittelalter, als die Burg Kastelholm den Bottnischen Meerbusen kontrollierte ...

... zwischen Bomarsund und Haroldsby steht das alte bekannte Schloß Kastelholm als eine stattliche Ruine ...

... ja, ja, Johann Gottfried, genau diese ... also, seitdem wechselten ständig die Besitzer und Besatzer unter blutigen Händeln: Schweden, Dänen und Russen. Mit dem Frieden von Fredrikshamn kam eine mehr als hundertjährige russische Herrschaft über die von schwedischen Menschen besiedelte Provinz. Während des Krimkrieges besetzten Franzosen die Inseln und zerstörten die Festung endgültig, im Frieden von Paris wurde die Demilitarisierung der Ålands beschlossen. Nachdem sie 1918 für ein halbes Jahr von den Deutschen okkupiert wurden, erhielten die Eilande nach der Russischen Revolution gemeinsam mit Finnland die Unabhängigkeit.

Schließlich bestimmte der Völkerbund, dass die Ålands trotz der rein schwedischsprachigen Bevölkerung bei Finnland bleiben, eine weitgehende Selbstverwaltung erhalten und demilitarisiert werden. So kam es und dabei blieb es.

Mariehamn nennt man auch die Stadt der 1.000 Linden. Zwei große Alleen durchziehen die Stadt, die ein großer Badeort werden sollte, vor achtzig Jahren eine riesige Windjammerflotte beheimatete und heute ein beschauliches Dasein fristet.

Die POMMERN, einer der vier erhaltenen Flying-P-Liner der Reederei Laeisz, gewährt auf ihrem ewigen Liegeplatz einen Blick in die gar nicht romantische Welt der großen Segelschiffe, deren Karriere zu Deiner Zeit begann.

Ein anderes Museumsschiff, die PEKING, liegt in New York und hieß von 1932 bis 1974 - Du wirst es nicht glauben wollen: ARETHUSA. Da soll jemand sagen, am seemännischen Aberglauben sei nichts dran.

In dem heutigen Syrakus oder dem alten Inselchen Ortygia ist jetzt nichts merkwürdiges mehr, als der alte Minerventempel und die Arethuse. Diese Quelle ist, wenn man auch mit keiner Silbe an die alte Fabel denkt, bis heute noch eine der schönsten und sonderbarsten, die es vielleicht gibt.

Auch in Griechenland, im Hafen zu Lavrion, nahe beim Kap Sounion, lag vor ein paar Jahren eine ARETHUSA. Es war unsere Charteryacht; ich

bugsierte sie durch die geschichtsträchtigen Kykladen von Serifos über Ios nach Santorin und Mykonos bis nach Delos, dem Apollon-Heiligtum. Irgendwie lässt mich die Arethusa nicht los, das Schicksal will es, dass ich mich mit ihr und Dir befasse.
Zwei Tage Mariehamn sind genug. Wir lösen die Leinen und nehmen Kurs auf das schwedische Festland. Die Mahlzeiten bei den hiesigen Wirten können wir uns ohnehin nicht leisten und das Bier ist so teuer, dass ich mich Deinen Trinkgewohnheiten zumindest zeitweilig anschließe.
Zuerst machen wir Etappe in Eckerö, der westlichsten der Åland-Inseln. Aus dem Namen leuchtet hell die schwedische Herkunft heraus: Åkerö, die Ackerinsel. Das ist treffend.

Vorzüglich wächst in Eckeroe Gerste und Korn in seltener Güte.

Zudem gibt es im Ort die älteste Kirchenglocke Finnlands, vor über 500 Jahren wurde sie gegossen.
Du warst auf der Postroute von Turku nach Stockholm unterwegs und hast den Hafen Berghamn schon gesehen. Heute bewundern wir das Post- und Zollhaus, das Carl Ludwig Engel - richtig, der vom Helsinki-Dom - um 1830 errichtete. Im alten Posthaus hattest Du ein kleines Ärgernis.

Drei Taler waren als das Fährgeld im Posthaus zu Eckeroe angesetzt; und ich mußte durchaus achteinhalb T. bezahlen. Das müßte sein, meinten alle ohne Ausnahme und bekümmerten sich nicht einen Pfifferling um das Postbuch in Eckeroe. Ich zahlte; denn wie hätte ich anders den Prozeß hier im Sturm auf der kahlen Felseninsel im Bottnischen Meerbusen endigen sollen? Die Skandinavier hatten mich ohne Protest in den Händen. Ob das rechtlich ist, mögen sie mit dem Postbuch in Eckeroe ausmachen.

Bald sind auch wir wieder auf See und Dir kommt die Entfernung in den Sinn.

Von Eckeroe nach Grißleham ist die größte Station, sieben Meilen.

Da können wir wieder vergleichen: nach heutigen Maße sind es 60 Kilometer oder 32 Seemeilen. Deine Meile ist demnach achteinhalb Kilometer oder viereinhalb Seemeilen lang. Das hatten wir schon einmal ausgerechnet.
Die Überfahrt nutztest Du, wie man heute sagen würde, effektiv und verfasstest einen lyrischen Nachruf auf Friedrich Schiller. Die Nachricht von dessen Tod hatte Dich in St. Petersburg erreicht und niedergeschlagen.

Als ich nun so einsam auf meinem Tornister dasaß und von Halifax bis Syrakus manche Reise noch einmal reiste und manche Stunde noch einmal lebte, blieb ich, wie wohl schon einigemal geschehen war, bei Schiller und der Katastrophe seines Todes stehen, der mich allerdings in Petersburg ungewöhnlich überrascht hatte. Ich zog mein Taschenbuch, dachte weder an widrige Winde noch an die Skandinavier, und unvermerkt lagen die Zeilen auf dem Pergamentblatt, die ich dir hier als eine freundliche Nekropompe eines Mannes gebe, der uns beiden oft großen Genuß verschafft hat. Daß die Verse hier unter dem Getöse der Wogen geschrieben wurden, ist vielleicht, nächst ihrer Wahrheit, das einzige, was ihnen einigen Wert geben kann.

Da hattest Du Schiller schon längst vergeben, dass er Dich nicht näher kennenlernen wollte, trotz Deiner Briefe. Von den Höhen des Olymp sieht und hört man die vermeintlich Kleinen nicht.
Unsere Passage ist mild, die Winde sind gnädig und nach weniger als acht Stunden laufen wir in Grisslehamn ein.
Schon sind wir im nächsten Land.

SCHWEDEN

Wenn man den ganzen Tag recht tüchtig auf den Wogen herumgeworfen ist und dann eine gute Suppe, schöne frische Schollen, frisches Knackabroe und zum Dessert ausgesuchte Erdbeeren findet, so kann man wohl mit der Landung zufrieden sein: und ich war es.

Wie angenehm muss das für Dich gewesen sein; heute ist nur der schnelle Griff in die Backskiste angesagt. Eine Linsensuppe wird aus der Dose in den Topf geschüttet, ein paar Kartoffeln geben dem Mahl die nötige Fülle und als Dessert bleibt ein Stück Schokolade.
Nun trennen sich die alte und die neue Route erneut. Du hattest Dich gen Uppsala gewendet, wir segeln nach Süden, an Arholma vorbei, in den Stockholmer Schärengarten hinein. So manches Mal müssen wir die Segel bedienen, wenden, halsen, das Vorsegel schiften. Du zeigst Dich anstellig, bist ein begnadeter Seemann.
Als Verhandler hast Du Deinen eigenen Kopf, lieber liefest Du zu Fuß, als Dich von gierigen Kutschern übervorteilen zu lassen:

In Edingen, einer Station zwischen Grißleham und Upsala, machte man Anstalt, mich geradezu nach Upsala zu bringen, und forderte dafür nicht weniger als sechs Reichstaler. Die Posttaxe machte noch nicht einen ganzen. Ich berief mich auf das Postbuch, wo ich auch schon meinen Namen eingeschrieben hatte, und wollte durchaus nicht mehr zahlen als die Posttaxe, zwölf Schilling die Meile ... Ich nahm meinen Tornister, den ich schon an die Karriole geschnallt hatte, hastig auf den Rücken und erklärte, ich würde nicht mehr zahlen als die Posttaxe. Endlich wollten sie dafür fahren; ich war aber schon im Gange und sagte, ich würde mich nun gar nicht aufsetzen. Sie kratzten sich am Kopfe, und ich ging fort.

Uppsala hatte Dir nicht viel zu bieten, das verwundert mich. Ich würde es mir gern einmal ansehen, trotz Deiner Warnung:

Die Merkwürdigkeiten von Upsala sind, wenn man kein Stockgelehrter ist, in einigen Stunden überschaut.

Vielleicht sahest Du vieles mit anderen Augen. Ich habe das Staunen noch nicht verlernt.

Die Kathedralkirche ist so groß, daß man wohl die Bevölkerung einer halben schwedischen Provinz hineinbringen kann.

Aha. Die größte Kirche Skandinaviens ist Dir zumindest einen Satz wert. Den Botanische Garten von Linné hast Du umfangreich beschrieben und mit dem in Palermo verglichen. Wahrscheinlich gehört er, ebenso wie die Bibliothek, nicht zu den von Dir so empfundenen „Merkwürdigkeiten".

Thunberg hatte die Güte, mir den folgenden Morgen selbst den neuen botanischen Garten zu zeigen ... In dem Museum sind vorzüglich die Sachen, die Thunberg von seinen Reisen mitgebracht und der Akademie geschenkt hat und die nun nicht, wie Linnés Sammlung, ins Ausland gehen werden. Für einen Privatmann war es ein außerordentlicher Reichtum; und es sind viele Seltenheiten dabei ... Der Garten ist ziemlich groß und in guter Ordnung. Als etwas Ungewöhnliches wurde mir noch ein Zuckerahorn gewiesen, der sehr selten so hoch nordwärts fortkommen soll ... Du kannst wohl glauben, daß ich auch die Bibliothek besuchte, wo für mich die sogenannte silberne Handschrift des Ulfila das einzige war, wonach ich mich umsah. Ich habe sie in den Händen gehabt und, ohne etwas davon zu verstehen, einige Minuten säuberlich darin geblättert.

Der Codex Argenteus hat demnach Deine Aufmerksamkeit erregt, Dich jedoch nicht sonderlich interessiert. Dein Verhältnis zur Geschichte wird mir immer rätselhafter. Bei einer Begegnung mit Dingen aus längst vergangenen Zeiten überkommt mich immer ein gelinder Schauder, ich spüre förmlich die Aura der Menschen, die mit diesen Gegenständen

umgingen, auch wenn sie längst in den Moderhöhlen des Vergessens versunken sind.
Bist Du davon frei? Ich kann es nicht glauben.

Es ist doch wohl möglich, daß ich zuweilen auch einen guten Gedanken habe; also will ich es immer meiner Faulheit abgewinnen und manchmal einiges niederschreiben. Wenn vielleicht das nämliche wiederholt und variiert vorkommen sollte, so ist das wohl ein Beweis, daß es oft und vielgestaltig in meiner Seele war. Daher könnte man vielleicht schließen, daß mir der Gegenstand etwas wichtig oder lieb müsse gewesen sein.

Nun sei doch nicht wieder beleidigt, Johann Gottfried. Schreib-Unlust ist also nicht allein der Grund für Deine sparsamen Ausführungen.
Genug der Reminiszenzen an Uppsala, vor uns liegt der Schärenweg nach Stockholm.

Die Dörfer sind in Schweden klein; oft stehen nur einige Häuser zusammen, oft ist nur ein einziges; nachdem es der Boden leidet. Das gibt bei eben keiner starken Bevölkerung der Gegend doch ein freundliches, lachendes Ansehen ... Von der Nettigkeit einer schwedischen Bauernwirtschaft hat man selbst in Deutschland keine Begriffe.

Daran hat sich nichts geändert, das alleinstehende Haus auf einem Schäreninselchen ist immer noch die Regel und erfreut das Herz des Reisenden. Nur scheint es mit der Bauernwirtschaft vorbei zu sein, die Häuser und sich im sanften Wellengang wiegende Segel- und Motorboote zeugen vom Wohlstand der Menschen, die dort Domizil genommen haben. Schwer vorstellbar, dass sie ihr Tagwerk in der Furche vollbringen, wohl eher in klimatisierten Kanzleien. Schwelgt hier ein ganzes Volk im Glück der materiellen Sicherheit? Zumindest hat man von Piraten in schwedischen Gewässern bisher nichts gehört, die alten Wikingerbräuche sind ausgestorben. Man kann sich seinen Lebensunterhalt heute leichter und ehrlicher verdienen.

Man trifft in Schweden sehr wenig Menschen, denen man sogleich an der dicken Übersättigung ansieht, daß sie es zum höchsten Zweck ihres Lebens machten, das beste Verdauungssystem praktisch zu studieren. Alles arbeitet verhältnismäßig mehr als anderwärts, vorzüglich als in Deutschland und Rußland ... Ich habe nichts als die gerade Straße von Aberfors nach Helsingborg, mit dem kleinen Abstecher nach Upsala gesehen; aber doch wohl einen Strich von hundertundachtzig deutschen Meilen gemacht und kein einziges Fleckchen gefunden, von dem ich hätte sagen müssen: Hier ist es traurig, hier ist es verlassen; hier möchte ich nicht leben. Auf dem ganzen ziemlich langen Zuge habe ich nur einen einzigen Bettler getroffen; und diesen in Stockholm auf der Brücke vor dem Schloß. Von welchem reichen Lande kann man das nämliche sagen?

Ja, von welchem? Von Deutschland nicht, auch nicht mehr von Schweden. Ich habe manchen Menschen gesehen, der bittend die Hand ausstreckte und ich wusste nicht zu deuten, ob er das wollte oder musste.
Wir durchstreifen Stockholm. Am Djurgården liegt der Yachthafen, stadtnah, teuer, geschützt. Direkt daneben: ein gewaltiges Museum mit dem Kriegsschiff VASA, das 1628 auf seiner Jungfernfahrt sank und rund vierzig Leute mit auf den Grund nahm, auf dem es dann über 300 Jahre ruhte. Es wurde 1961 geborgen und fand nach aufwendigster Restaurierung seinen Platz in der Riesenhalle. Gustav II. Adolf ließ es einst bauen und entgegen dem Expertenrat 64 Kanonen installieren, mehr als die gesamte polnische Flotte besaß. Schließlich sollte die VASA die Weichselmündung bei Danzig blockieren. Sie schaffte nicht einmal ein Tausendstel der Distanz.
Mit Interesse schaust Du auf den düsteren Schiffskörper, er erinnert Dich an die nicht immer freiwilligen Ozeanquerungen, die Du zwiespältig resümierst.

Einige Monate ist das Herumschwimmen auf dem Ozean, bei gehörigen Veränderungen, solange die Erscheinungen neu sind, kei-

ne üble Partie, zumal wenn man so in zahlreicher Gesellschaft segelt wie wir. Unsere Flotte von Transportschiffen aller Art, begleitenden Kriegsschiffen und Kaufmannsfahrzeugen, die die Gelegenheit der Sicherheit benutzten, mochte sich wohl auf siebzig Segel belaufen; und der Abend und Morgen einer solchen schwimmenden Kolonie hat sein Angenehmes, wenn die See nicht zu hoch und zu still ist.

Die Stadt hinterlässt immer noch einen majestätischen Eindruck in mir, obwohl ich bereits zum vierten Male hier bin.

Stockholm wird nicht mit Unrecht das Paradies des Nordens genannt, wenn man die schöne Gruppierung der Gegend nimmt. Man kann es vielleicht kaum eine Stadt nennen; denn man merkt fast nirgends, daß man eingeschlossen ist, und überall hat man die Aussicht ins Freie. Stockholm ist einer der lieblichsten Plätze, die ich gesehen habe, und wenn der Mälar die Sonne des Arno hätte, würde hier mehr Elysium sein als in Florenz.

Die freie Aussicht ist Vergangenheit, Häuser und Hafenanlagen brechen den Horizont, doch der Blick über den Mälaren ist noch immer beeindruckend.

Die schönsten Häuser in Stockholm, nächst dem Schloß, sind wohl das Opernhaus und gegenüber das Haus der Prinzessin. Die Statue Gustav Adolfs auf dem Platz dazwischen tut durch die unten eingelegten kolossalischen Medaillons seiner Minister und Generäle keine schöne Wirkung. Der Huf von dem Pferde des Königs scheint fast die Stirne des Ministers einschlagen zu wollen, ein Anblick, der ebenso grell und widerlich ist als die Sklaven unter dem ehemaligen Ludwig in Paris und auf der Spreebrücke in Berlin.

Um den Huf auf der Ministerstirn zu erkennen, braucht man die Seume-Perspektive. Die ergibt sich, wenn man das Ganze von links unten betrachtet. Manchmal sind Standpunkte etwas schräg.

Das Schloss gibt sich düster. Wenn Häuser nicht mehr bewohnt werden, verlieren sie ihr Leben und ihren Teint. Die repräsentativen Aufenthalte von Carl XVI. Gustaf und seiner Familie ändern daran nicht viel. Zudem ist es im italienischen Barockstil aufgeführt, monumental und bedrohlich wirkend, nichts zu spüren von der Leichtigkeit eines sächsischen Pöppelmann-Baues.

Acerbi steht mit Vergnügen auf der Brücke vor dem Schloß. Dort ist es allerdings schön ...

Dir hat das Schloss also gefallen. Es stand im Glanze seiner goldgelben Fassade und war die strahlende Mitte Stockholms. Wir sind guten Mutes: Gerüste sind errichtet und bereits in zwanzig Jahren sollen die Wände wieder leuchten. Nur über die Farbe ist man noch zerstritten: Rosa oder ursprüngliches Tessinsches Gelb. Vielleicht erlebe ich es noch ...
Jeden Tag wird eine feierliche Wachablösung zelebriert, in historischen Uniformen, die Einheiten wechseln sich ab. Es geht skandinavisch-gemütlich zu. Dem Aufführenden der Preußischen Großen Wachaufzüge Unter den Linden würde angesichts der unzackigen Bewegungen der Schweden ein Schlagfluss getroffen haben. Was hat den Preußen der Schneid letztendlich genützt?
Berlin lag vor 70 Jahren in Trümmern - Stockholm ist aus uralten Zeiten im Original auf uns gekomen. Seit mehr als 500 Jahren gab es im Stadtgebiet keine Scharmützel mehr, von Kriegseinwirkungen ist nichts zu sehen. Nur in der zweiten Hälfte des letzten Jahrhunderts hat man das historische Viertel Klara abgerissen und das Areal mit Betonmonstern verunziert. Mancherorts bedarf es keiner Bomben, um Unwiederbringliches zu zerstören.
Wir sehen dem Mittagszeremoniell zu, es macht Eindruck auf uns beide, die alten Militärs.

Das schwedische Militär hat mir vor allen übrigen wohl gefallen. Die Leute sind gut gekleidet und gut genährt, haben Wendung und Anstand und zeigen große Geschicklichkeit. Es tut mir leid, daß ich etwas zu spät gekommen bin, um noch einige Übungen in Schonen zu sehen. Die Kleidung der Offiziere ist vorzüglich sehr ernsthaft und ästhetisch, nicht wie der neue russische und preußische Schnitt, der mir immer nur aussieht wie die personifizierte Armut und dem Offizier höchstens die Gestalt eines Solotänzers gibt: die diätetischen Einwendungen gar nicht zu erwähnen.

Die traditionellen Uniformen sind ansehnlich, statt Kanonendonner übertönen die Glocken der Storkyrkan, der Großen Kirche, die Kommandos des aufführenden Offiziers. Das hat Symbolik.
Wir wenden uns nach Riddarholmen mit der Grabeskirche der schwedischen Könige. Deren Turm trägt eine gusseiserne Spitze und ziert fast jede Ansichtskarte von Stockholm.
Seit 1950 werden dort keine Könige mehr beigesetzt.

Von ihrem König - Gustav IV. Adolf - sprechen die Stockholmer Schweden nicht viel; und über den letzten Reichstag wird hier und da etwas gebrummt. Es mag freilich nicht ganz erbaulich dort hergegangen sein, wie man hört. Sie haben dabei das solamen miserorum miseruni, daß es anderwärts wohl noch kaum so vernünftig hergeht.

Vom schwedischen Riksdag hört man heutzutage wenig, es scheint darin nicht viel Skandalöses zu geben. Dir genügte, dass es dort nicht so schlimm zuging wie in anderen Parlamenten.

Man beklagt sich doch etwas, daß der König zu wenig freundlich und leutselig sei und vorzüglich gegen die Hauptstadt eine sichtbare Abneigung zeige.

Die königliche Familie hat ihr Verhältnis zu Stockholm nicht tiefgreifend geändert, sie wohnt auf der Mälareninsel Lovön, westlich der Hauptstadt im „schwedischen Versailles", Schloss Drottningholm.

Drottningholm hat mir besser gefallen als Haga, nicht weil es größer und prächtiger ist, sondern weil ich die Lage am See schöner und gesünder finde. Die Gärten sind sehr weitläufig, aber ohne schöne freiere Anordnung. Es sind sogar viel teure Spielereien da, die ins Kleinliche gehen. Jetzt werden sie sehr vernachlässigt. Haga hat zwar eine liebliche einsiedlerische Lage, muß aber der Gesundheit nicht sehr vorteilhaft sein, denn ich habe in dem Wasser umher eine Menge Sumpfpflanzen gesehen; und der Grund der Gebäude erhebt sich nur sehr wenig über die Wasserfläche.

Haga ist ein Lustgarten, der von Gustav III. nach dem Vorbild der Campagna Romana gestaltet wurde, einige schöne Gebäude aufweist und den jetzigen königlichen Friedhof einschließt. Zu Deinen Zeiten war in Haga viel höfisches Leben, heute ist es ein Ökopark. Merkst Du etwas davon? Ich auch nicht.

Kronprinzessin Victoria, der Glücksfall - oder sagt man: die Glücksfällin? - für die schwedische Monarchie, lebt hier. Sie hat deren Ansehen aufpoliert. Die Hochzeit mit Daniel Westling, ihrem ehemaligen Personal Fitness Trainer wurde zum Weltereignis. Der Gatte mutierte dabei zu Olof Daniel Westling Bernadotte, Prinz von Schweden, Herzog von Västergötland. Übrigens hat Victoria noch eine winzige Chance, den englischen Königsthron vor Prinz Charles zu bewahren. Sie steht an 188. Stelle der britischen Thronfolge.

Ihr Vater, König Carl XVI. Gustaf, hat politisch nichts mehr zu sagen, er darf zwar den Reichstag eröffnen, aber keine Thronrede mehr halten. Auf Auslandsreisen muss er immer einen Regierungsvertreter mitnehmen, seit er den Sultan von Brunei, einen begeisterten Diktator, als „bürgernah" lobte.

Seine fast fünfzig hohen Orden, darunter auch das Großkreuz des Verdienstordens der Bundesrepublik Deutschland in der Sonderstufe, trägt er an einer Admiralsuniform, obwohl er es in Heer, Luftwaffe und Marine lediglich zum Fähnrich gebracht hat. Dafür ist er Ehren-Admiral der Royal Navy. Honi soit qui mal y pense. So steht es auf dem Hosenbandorden. Den hat er auch.

Als Jäger ist er weltbekannt und es geht das Gerücht, dass er auch privat in fremden Revieren wildert. Das gefällt den Untertanen nicht. Die Boulevardpresse entrüstet sich, ist aber insgeheim froh über den schlüpfrigen Stoff.

... wo die Könige kein Ansehen haben, steht's schlecht um das Volk.

Das war wohl zu Deiner Zeit so, Johann Gottfried. Natürlich ist ein rechtschaffener König Balsam für die demokratiemüde Seele, der unterm Kaiser alles besser erschien. Wohl keiner der heute lebenden Deutschen hat die Monarchie noch bewusst erlebt, aber viele wissen umso genauer, wie es damals war.
Könige haben ausgedient. Setze dafür „Regierende" ein, dann bekommt Deine Sentenz einen aktuellen Sinn.
Lass' uns zum Ufer des Mälarensees gehen, dort ist gut sitzen, schwatzen, denken, schweigen.

Einige aufgefundene Landsleute hielten mich noch einige Tage länger hier. In Reyer, dem sächsischen Chargé d'affaires, fand ich einen alten Universitätsbekannten; und es war natürlich, daß wir das Andenken der an der Pleiße zusammen verlebten Stunden am Mälar feierten.

Stockholm ist des Verweilens wert. Ein wenig fällt der Abschied schwer, denn nun verlassen wir mit unserem Schifflein erneut das Dir Bekannte. Du quertest Schweden auf dem Landwege, acht Tage hast Du dafür gebraucht.

Du siehst also, daß ich weder sehr schnell noch sehr langsam gereist bin. Es ist doch wohl durch Schweden die lieblichste Fahrt, die ich in meinem Leben gemacht habe; wenn auf dem Lande nur ein wenig besser für eine leidliche Küche gesorgt wäre. Ich vermisse sie zwar ohne weitere Unbequemlichkeit; das dürfte aber nicht der Fall mit jedermann sein.

Wir werden um Schonen herum schippern. Die alte und die neue Route treffen sich erst wieder in Helsingborg.
Der Bug zeigt nach Süden, in die malerische Landschaft des Baggenstäket. Das ist eine an der engsten Stelle nur acht Meter breite und drei Meter tiefe Durchfahrt durch die schönste Schärenumgebung. Es kommt uns niemand entgegen. Wir sind darob nicht böse. Staunen und Sprachlosigkeit beobachte ich bei Dir während der Passage. Es ist wunderbar und bedrohlich zugleich. Weite Buchten und zunehmende Winde gestatten anschließend fröhliches Segeln. Du gehst Ruder und meisterst die Segelmanöver samt einem Dutzend Wenden ohne Probleme. Chapeau!
Schließlich ankern wir in der Nordostbucht der Insel Vitsgarn, gut geschützt gegen alle Winde. Das Wasser lockt zum Bade.

Das Bad bekam aber meinen Füßen vortrefflich, und es ging immer besser und besser.

Sehr schön, denn das Wohlbefinden der Mannschaft ist das höchste Ziel eines Skippers. Erfrischt lässt es sich gut klönen. Wir sprechen über Arethusa, Du über die Quelle, ich über die Schiffe. Es hat immerhin beides mit Wasser zu tun. Mir kommt wieder meine griechische ARETHUSA in den Sinn, die Kykladenyacht.
Griechenland hast Du nie gesehen. Darf ich Dich dorthin zur Segelei durch die antiken Meere einladen?

Nach Italien, Frankreich und Rußland … geht man bald und leicht und sicher; aber nach Griechenland zu wandern, wie Griechenland jetzt ist, ist in jeder Hinsicht über meinen Kräften. Auch bin ich eben nicht Antiquar und Literator, sondern nähre mich nur an den griechischen Geist zu meiner eignen Stärkung: und das kann ich bei den alten Schätzen, die wir von der Nation haben, zu Hause jetzt vielleicht besser als in Athen und Sparta.

Donnerwetter, Du hast hellseherische Fähigkeiten. Wie konntest Du vor über 200 Jahren schon etwas von Griechenlandkrise, Grexit und ähnlichem wissen? Der hellenische Staat entstand erst 1830, zu Deiner Zeit ging es noch um die Loslösung vom Osmanischen Reich. Ein bayrischer Prinz wurde als Otto I. griechischer König und übernahm ein völlig überschuldetes Land, das nur mit Krediten Englands, Frankreichs und Russlands in Höhe von 472.000 britischen Pfund und 60 Millionen Drachmen überleben konnte.

Das klingt richtig aktuell; manchmal hat man den Eindruck, dass sich ein bayrischer Kronprinz berufen fühlt, als König Marcos I. Soederos in Hellas zu regieren. Ob er es besser könnte als die derzeit Herrschenden im Mutterland der Demokratie?

Privatdiebe fesselt man auf Lebenszeit im Kerker, und öffentliche gehen in Gold und Purpur, sagt schon Cato, und ich zweifle nicht, man wird es zu Cyrus des Alten Zeiten auch schon gesagt haben. Schlechte Kerle stehlen, aber die Könige rauben.

Damit hast Du das Grundübel benannt. Und eines Deiner Lieblingswörter kommt endlich zum Einsatz.

Es fehlt uns ein politischer Luther, der das Untier Privilegium und das Kastentum erlegt; aber das wäre die größere Unternehmung, da es die tiefere Erbsünde Pleonexie betrifft.

Echte Messiasse sind rar geworden.

Moses, Christus und Mohamed waren wirklich große Heilande der Völker, jeder in seinem Kreise ... Heilande der Welt müssen und werden noch kommen, die uns von der geistlichen und weltlichen Mystik befreien und uns unter die Ägide des gesunden Menschenverstandes retten.

Selbsternannten Heilanden sollte man mit Skepsis begegnen. Eine echte Demokratie würde mir genügen, aber sie ist sehr anstrengend und diese Mühe delegiert man gern. Umso leichter ist es, sich zu beschweren, wenn mit der Stimme und der Macht, die man beide abgegeben hat, nicht so verfahren wird, wie man es erwartet. Pegida lebt davon.

Wo das Denken aufhört, haben die Spitzköpfe ebensosehr gewonnen, als wo das Verkehrtdenken anfängt.

Genug, lass' uns dem Plätschern der Wellen und dem Knistern der Luftbläschen am Rumpf lauschen, dabei schläft man herrlich ein. Die Nächte sind nicht mehr so hell wie in Turku; es wird immer später im Jahr und wir sind viel weiter im Süden.
Am frühen Morgen geht es Ankerauf und weiter in die Richtung der Sonne.
Gotland ist in der Ferne zu ahnen, von dort sollen nach der Gutasaga die Goten aufgebrochen sein. Am Schluss ihrer Feldzüge lag das Römische Reich in Trümmern. Theoderich von Verona taucht in der Nibelungensage als Dietrich von Bern auf: Globalisierung in der Sagenwelt.
Die Geschichte erzählt oft von kleinen Völkern, die große Reiche zum Einsturz brachten, wenn diese morsch genug waren.
Auch untereinander haben sich die Eroberer nichts geschenkt. So heiratete Attila die Gotin Hildico und starb bereits in der Hochzeitsnacht. Man soll sich nicht übernehmen. Die Katalaunischen Felder hätten ihm Warnung genug sein müssen, dass mit den Gotinnen und Goten nicht zu spaßen ist. Er muss so um die 55 Jahre alt geworden sein, für seine Zeit ein Methusalem. Auch sprach er dem Alkohol im Übermaße zu.

Jede Periode des Lebens hat ihre Leidenschaften. Das Alter, das man für die weiseste halten sollte, hat gewöhnlich die schmutzigsten.

Meinst Du jetzt Hildico oder den Alkohol? Mit letzterem stehst Du ja auf keinem guten Fuße - und mit den Frauen ... nun, das hatten wir schon.
Gotlands Hauptstadt heißt Visby, die „heilige Stadt", wie die Namensforscher herausgefunden haben, denn „vi" bezeichnet im Nordischen

einen Opferplatz. Ich als Hobbyetymologe hätte es auf „vit" - weiß - zurückgeführt, denn sie erhebt sich in dieser Farbe strahlend über der See. „Heilig" ist ebenso einleuchtend, der Ort strotzt vor Kirchen. Wie übrigens ganz Gotland; über einhundert Landkirchen entstanden in der Blütezeit der Insel, als sie ein wichtiger Umschlagplatz des Seehandels war.
Man nannte Visby lange Zeit „Regina Maris", später war die Stadt eine Basis der Vitalienbrüder. Damit bezeichnete man nicht ganz so heilige Seeleute, deren Berühmtester Klaus Störtebeker gerufen wurde. Der Name dürfte Dir nicht sympathisch sein, er beschrieb Klausens Fähigkeit, den Inhalt eines Bechers, der sicher nicht mit Wasser gefüllt war, auf einen Zug hinunterzustürzen. Das war jedoch nicht der Grund, warum er auf dem Hamburger Grasbrook dem Henker seinen Kopf hinhalten musste. Die Hanse hatte etwas gegen Kaperfahrer, die nach gängiger Legende ihre Beute mit den Armen teilten.

Wenn etwas hart bestraft wird, so beweist das gar nicht, daß es unrecht ist; es beweist bloß, daß es dem Vorteil der Machthaber nachteilig ist. Oft ist gerade die Strafe der Stempel der schönen Tat.

So sehen es die Verehrer der Likedeeler bis heute, doch mit Piraterie lassen sich vielleicht die Güter umverteilen, nicht aber die Gegensätze an der Wurzel packen.
Wir segeln weiter nach Südwesten. Bald schimmert die Insel Blå Jungfrun am Horizont, ein eigentümliches Gebilde und von Mystik umwoben. Sie ist der schwedische Blocksberg, nur dass die Hexen hier nicht zur Walpurgisnacht, sondern am Gründonnerstag erscheinen. Seefahrer mieden die Insel und ihre Nähe lange Zeit. Ich spüre auch ein gewisses Unbehagen angesichts des riesigen Granitbrockens, an dessen Südspitze Trojeborgen liegt, eine geheimnisvolle Steinsetzung aus fünfzehn Ringen, von deren Bedeutung heute niemand mehr etwas weiß. Sollte die Kunde von Troja bis hierher gedrungen sein?

Wer bei gewissen Anblicken nicht die Vernunft verliert, muß wenig zu verlieren haben.

Danke, ich nehme es als Kompliment.
Blå Jungfrun versinkt hinter der Kimm und Öland taucht auf, die ehemalige Jagdinsel der schwedischen Könige. Als Landmarke dient Borgholm, die Ruine des riesigen Kastells, das einst den Kalmarsund beherrschte. Und ganz nah: Schloss Solliden. Errichtet nach italienischem Vorbild auf Veranlassung Königin Viktorias, dient es heute als Sommersitz der schwedischen Königsfamilie.
Es ist schön hier, wir machen Landgang, getrennt. Nach so langer Zeit muss man auch einmal Stunden für sich haben, es ist schwer, zu zweit auf den paar Quadratmetern, die ein kleines Schiff bietet. Du siehst das genauso, denn Einsamkeit ist Dir nichts Grausiges, eher etwas Willkommenes.

Ich war aus dem Innersten meiner Seele, ganz allein, in Skandinavien, ebenso froh und vielleicht weit höher und reiner und froh, als ob mir zehntausend vergoldete eiserne Söldlinge ein Lebehoch zugejauchzt und zugeklirrt hätten.

Tags darauf bummeln wir bei leichter Brise zwischen Öland und der Schwedenküste entlang, nur wenige Meilen, dann sind wir in Kalmar. Zuvor geht es unter der Ölandbrücke hindurch, sechs Kilometer, fast eine Deiner Meilen, lang und dort, wo wir sie passieren, 40 Meter hoch. Du blickst staunend auf das technische Wunder und hast den gleichen Gedanken wie ich: „Da passen wir nie durch". Der Verstand weiß um unsere 17 Meter Masthöhe, das Auge ist ganz anderer Meinung.
Die Brücke war einmal die längste in Europa. Dergleichen hast Du auf Deinen Spaziergängen nicht gesehen, zu Deiner Zeit wurde die ersten Zeilen im Buch der Ingenieurskunst geschrieben. Da gab es viele Dinge noch nicht, die es heute nicht mehr gibt.
Die Dampflokomotive wurde erfunden, als Du nach Syrakus gingest, heute stehen die letzten davon im Museum.

Die Draisine hast Du nicht mehr erlebt, die Urform des heutigen Fahrrades.
In Deinem Geburtsjahr wurde jene Dampfmaschine entwickelt, die das erste Automobil antrieb, das im Sommer nach Deinem sechsten Wiegenfeste in Paris die Passanten erschreckte, als die Probefahrt in einer Mauer endete. Heute blickt selbst in Poserna niemand mehr auf, wenn ein Auto durch den Ort rast.
Aus dem vom französischen Kriegsministerium für die Artillerie vorgesehenen Zugmittel wurde ein Luxusgefährt, später ein Gebrauchsgegenstand und schließlich eine Plage für die Städte und die Natur. So ist es mit vielem in unserer Zivilisation. Viele Menschen stellen sich dagegen, manche aus Überzeugung, einige halten es für modern, sich der Moderne zu verschließen; es darf nur kein echter Mangel oder gar Verzicht daraus werden.

Alles, was man in dieser Zeit für seinen Charakter tun kann, ist, zu dokumentieren, daß man nicht zur Zeit gehört.

Wenn's ehrlich gemeint ist und konsequent danach gehandelt wird, dann ziehe ich meine Skippermütze. Bei Leuten, denen das Betroffensein ein Lebensinhalt ist und die das in Miene und leidender Artikulation der Welt mitteilen müssen, bin ich eher skeptisch.
Nun also Kalmar. Schwedische Geschichte präsentiert sich geballt wie an kaum einem anderen Ort. Das Tingby Hus, mehr als 8.000 Jahre alt, wurde hier ausgegraben. Vor über 600 Jahren versuchten Dänen, Schweden und Norweger, ein politisches Bündnis zu schmieden. Die Kalmarer Union hielt formal rund 150 Jahre, die Bündnispartner aber nicht davon ab, Krieg untereinander zu führen.

Aus der Geschichte geht hervor, daß Bündnisse und Garantien meistens der erste Schritt zur Unterwerfung eines Teils, natürlich des schwächern sind, wenn er nicht auf seiner Hut ist. Wenn ja Bündnisse sein müssen, würde ich sie gegen Nachbarn und nicht mit Nachbarn machen.

Ja, auch in der jetzigen Europäischen Union knistert es gewaltig. Zum Glück haben die Herrschenden noch das Grauen des bisher letzten Großen Krieges in den Knochen, so dass sie im eigenen Interesse den Kontinent nicht mehr in Abenteuer stürzen mögen. Die Ukraine ist mehr Randeuropa, da kann man schon mal ein bisschen zündeln. Auf dem Balkan herrscht auch Ruhe - lähmende. Ich habe mir letztes Jahr Serbien, Mazedonien, Griechenland angeschaut, dort musste man sich noch zwischen Resignation und Aufstehen entscheiden. Eine Menge Leute sind inzwischen aufgestanden und haben sich auf den Weg gemacht. Zu uns. Wir sind aus der bräsigen Ruhe gebracht. Die meisten von uns interessieren die Ursachen wenig, sie murren, weil sie um ihr Gewohntes zittern.

Für Vernunft und Freiheit und Gerechtigkeit ist jetzt bei unsern Zeitgenossen nichts zu tun, wir brüten zu sehr in lethargischer Indolenz. Jede Kraftäußerung ist weggeworfen, und die Perlen sind noch vor die Säue geschüttet. Das einzige Ersprießliche ist Denken für die Zukunft, der es vielleicht gelingt, glücklicher von dem Todesschlaf aufzustehen.

Solche Gedanken können den schönsten Tag trüben. Wir wollen Kalmar erfahren, nein, erlaufen. So groß ist die Stadt nicht. Zuerst die Reste der Altstadt mit winzigen, hinter Malven geduckten Häusern, dann die gewaltige Schlossanlage mit dem weiten Blick auf den Sund und schließlich die Domkirche, die zu Deiner Zeit noch Bischofssitz war. Gebaut wurde sie von Nicodemus Tessin, der auch Schloss Drottningholm errichtete, Borgholm umgestaltete und das Wrangelsche Palais in Stockholm schuf.
Die Menschen machen einen fröhlichen, einen unbeschwerten Eindruck, überall Galerien, Handwerk, Kultur. Da hat sich seit Deinem ersten Besuch nichts geändert.

Die Gesellschaft ist artig, gebildet und unterrichtet; wie man denn vielleicht in keinem Lande mehr allgemeine Kultur findet als in

Schweden. Alle Gesichter zeigten Zufriedenheit und Frohsinn; alles atmete Fleiß und Tätigkeit.

Der Dom ist sehenswert, jesuitisch-protestantisch geprägter Barock. Staunend blicken wir drinnen auf eine große graue Kiste. Mit Bildschirm, Tastatur und Kreditkartenschlitz. KOLLEKTOMAT steht daran. Ein moderner Klingelbeutel. Da kann man sehr geteilter Ansicht sein. Hergestellt wurde er von einer bekannten Computerfirma. Ich hätte mich nicht gewundert, wenn auf dem Schild „Tetzel & Söhne" gestanden hätte.

Gewisse Dinge glaube ich sogleich, wenn ich sie höre, so sehr haben sie den Stempel der Wahrheit; gewisse Dinge, wenn ich sie sehe; gewisse Dinge muß ich sehen und hören, um sie zu glauben; und gewisse Dinge glaube ich nicht, wenn ich sie auch sehe und höre.

Deine Meinung in allen Ehren, aber das ist das Hier und Heute. Du musst daran glauben, auch wenn Du es nicht fassen kannst.
Für mich entweiht so etwas ein Gotteshaus. Wahrscheinlich ist in mir noch der Glaubensrest, dass die Kirche ein Refugium für Tradition und Werte ist, die sich nicht in Geldsummen messen lassen. Der Blick in den Altarraum des Domes reißt uns in die Realität zurück. Die barocke Pracht kann man nicht umsonst haben. In Markus 12; 17, spricht Jesus: „So gebt dem Kaiser, was des Kaisers ist, und Gott, was Gottes ist!" Hat er damit wirklich Gott oder dessen Bodenpersonal, die Kirche, gemeint?

Grotius und die Bibel sind die besten Stützen der Despotie, weil beide so viel Nebel machen, daß man sich nur durch leidendes Hingeben an blinde Autorität einen Faden schafft.

Hugo Grotius ist fast 400 Jahre tot und nur den Eingeweihten bekannt, ein Philosoph und Aufklärer. Mit ihm warst Du überhaupt nicht einverstanden. Für eine Diskussion zu diesem Thema fehlt mir das Wissen.

Deine Argumente sind wortgewaltig, doch sehr von Deiner Zeit geprägt. Wir finden keine gemeinsame Sprache und kabbeln uns. Auch das kommt vor.
Nach dem Ausflug sitzen wir müde auf dem Schiff und Du sprichst über die Reise von Stockholm nach Helsingborg.

Der Strich von Schonen, den ich hier auf meiner Fahrt durchzog, ist bei weitem nicht so schön, als man die Provinz im allgemeinen angibt. Sie muß unten an der See hin nach Malmö und Lund hinüber besser und fruchtbarer sein.

Wir werden in den nächsten Tagen die lieblichen Landschaften um die Hanöbucht, um Simrishamn und Kåseberga sehen, Ystad und Malmö besuchen, dabei kannst Du Versäumtes in Dich aufnehmen. Von See sind die Sichten anders, perspektivischer, man verliert sich nicht im Detail. Die Abwechslung nimmt man dennoch wahr. Wälder, Inseln, Felder, Steilküsten, Städte, Städtchen, Dörfer, einsame Häuser.

Wenn man in Schweden ein Stündchen durch wilde Granitschichten gefahren ist, kommt man oft wider Erwartung wieder in ein kleines, liebliches Paradies.

Kein Wunder, dass noch heute viele Menschen den Traum von Skandinavien träumen und deutscher Tristesse entfliehen wollen. Doch die Heimat klebt dick an den Sohlen.

Wenn man so echtdeutsch apathisch faul ist, darf man nur hinaus in die freie Luft unter die Menschen gehen, und wenn man dann durch den Ärger nicht etwas wieder zum Leben geweckt wird, so ist man ohne Rettung zum moralischen Tode verdammt.

Was muss ein Mensch mit seinem Volk erfahren haben, wenn er so verbittert urteilt.
Wir wollen ablegen, Du musst Deinen Kopf frei bekommen.

Vor uns liegt die Biscaya der Ostsee. So nennt man die Hanöbucht wegen ihrer wetterwendischen Verhältnisse. Das Land versinkt hinter der Kimm, an Steuerbord stiehlt sich Utklippan in die Augen; die beiden großen Granitbrocken mit der riesigen Möwenbrutkolonie heben sich gegen den Horizont schemenhaft ab.
Weit voraus ist Bornholm zu ahnen, der alte Piratenfelsen. Wir drehen nach Westen ab, gewinnen wieder die Küstennähe und sehen hoch oben die Steinsetzung von Kåseberga. Vierzig Meter über der Ostsee wurden 59 große Steine in Schiffsform angeordnet, Heiligtum und Begräbnisstätte aus vorchristlichen Zeiten. Übereifrige deuten es als Sonnenkalender. Irgendwann steht bei jedem Gebilde die Sonne, der Mond oder ein Fixstern an einer bestimmten Stelle, das kriegt man auch mit einem Apfelbaum im heimischen Garten hin.
Unsere Zeit sucht Ersatzreligionen. Die einen beten ein Spaghettimonster an, die anderen hungern sich die Seele aus dem Leib, um ihr Inneres zu finden und es sind gar nicht so wenige, die ihren Körper als Altar begreifen, dem man Opfer bringen und dessen Befinden per Internet mitgeteilt und kontrolliert werden muss.

Da hat alle Vernunft ein Ende; was ist dagegen zu sagen? Der Glaube soll selig machen. Wer ihn nur hätte; da könnte man freilich die Vernunft entbehren.

Nicht verzweifeln, Johann Gottfried, Homo sapiens hat seine Daseinsberechtigung. Ob er die Krone der Schöpfung ist oder eine Krankheit, an der unser Planet leidet? Es wird sich zeigen. Streng genommen sind wir lediglich Säugetiere aus der Ordnung der Primaten, der Unterordnung der Trockennasenaffen und der Familie der Menschenaffen. Irgendwann wird der Mensch aussterben und wir können nur hoffen, dass dieser natürliche Prozess nicht von ihm selbst beschleunigt wird.
Die Welt strotzt von Waffen. Wurde je von einer Maus berichtet, die eine Falle gebaut hat?

Solange man Waffen hat und sie brauchen will, denkt man sich dem andern gleich an Kraft, zumal wenn man sich überlegen fühlt an Recht.

Das stimmt; Vietnam, Iran und Afghanistan haben diese These in lodernden Farben illustriert, doch zu welchem Ende? Nun meinen einige, es wieder einmal mit Russland versuchen zu müssen.

Ehre und Recht werden nur durch Vernunft dokumentiert, nie durch Waffen. Es ist, als ob man eine Schurkerei mit einer andern umstempeln wollte. Ehre kann man mit den Waffen behaupten, aber nie erwerben; dadurch erwirbt man nur Ruhm - oft das Gegenteil von Ehre.

Und den Preis für den „Ruhm" zahlen die, die den Krieg weder wollen noch brauchen noch daran verdienen. Unser nächstes Ziel hat damit zu tun.
Wir nähern uns Ystad. Westlich davon zieht sich der Iöravalla bis Falsterbo, ein Steinwall, beschrieben in der Völuspá, einem Götterlied aus der Edda. Es schildert die Vision vom Weltuntergang, dem Ragnarök, der endgültigen Ausrottungsschlacht zwischen Göttern und Riesen. Wer ist heute Gott, wer Riese?
Ystad war eine reiche Handelsstätte. Der Aufschwung hatte mit den einstmals vor der Küste wimmelnden Heringsschwärmen zu tun. Der Niedergang der Stadt begann, als die Fische um 1500 urplötzlich verschwanden.
Tycho Brahe besuchte hier die Lateinschule, bevor er in die Höhen der Astronomie entschwebte, und die gotisch-barocke Ziegelkirche Sankt Marien gehört zu den größten in Schonen.
Heute verbinden die Menschen den Namen Ystad mit einer anderen Gestalt: Kurt Wallander, einem erdachten Kommissar, den sein inzwischen toter Schöpfer Henning Mankell an authentischen Orten der Stadt leben und arbeiten lässt und auf dessen Spuren seit zwanzig Jahren tausende von Anhängern wandeln.
Wollen wir uns denen anschließen?

Nein, Mankell war kein Schiller und Wallander kein Wallenstein. Lassen wir es also und begnügen uns mit der Altstadt. Die lohnt ohne Zweifel einen Spaziergang. Du musst Dich einmal wieder mit den Füßen auslaufen, bevor wir mit dem Schiff auslaufen.

Man fühlt sich nie mehr in seiner Kraft, als wenn man geht; und so möchte ich einmal ganz abtreten.

Wortspiele machen uns beiden viel Spaß.
Ich kümmere mich um das Abendessen an Bord. Die Pantry ist klein, aber ausgezeichnet ausgestattet: mit Gasherd und Backofen. Da muss ich Dir wieder einiges erklären.

Wir haben jetzt in unsern Haushaltungen Dinge, die wir für unentbehrlich halten, von denen man vor hundert Jahren noch gar nichts wußte, und sich, ohne sie, doch eben so wohl oder besser befand.

Typisches Vorurteil: „Früher war alles besser". Doch die Zweckmäßigkeit unserer Schiffsküche leuchtet Dir ein.
Gemeinsam blicken wir auf den Monitor und schauen die Wetterprognose für die kommende Zeit. Du knurrst an meinem Ohr:

... was heute neu ist, ist übermorgen schon sehr alt ...

Meinst Du die Technik oder die Vorhersage? Du freust Dich über den steten Ostwind, der versprochen wird und uns schnell nach Helsingborg tragen wird, das Du vom Sommer 1805 kennst.
Wir schauen ein kleines Stündchen nach Süden, auf die leicht kabbelnde See, die eine sanfte Ruhe ausstrahlt. Vom Nachbarschiff weht Rauch zu uns, der Skipper zieht an seiner Pfeife, die Glut rötet seine Nase. Ab und an rieche ich es ganz gern, wenn die Quelle weit genug weg ist. Du bist da anderer Meinung.

Wenn man jemand, der es nicht gewöhnt wäre, zur Strafe zwänge, Tabak zu rauchen oder zu schnupfen, so würde diese Strafe sehr grausam scheinen, so ekelhaft und widerlich ist diese berauschende giftartige Pflanze der Natur. Jetzt hat die verderbliche Gewohnheit auch fast die Natur verkehrt; so viel Gewalt hat eine anfangs unsinnige Mode, wenn sie einmal durch Allgemeinheit das Lächerliche verloren hat.

Kleinlaut gebe ich Dir recht. Sehr viele unsinnige Moden sind in der Welt, über deren Lächerlichkeit nur wenige den Mut haben zu lachen, weil sie von Menschen geschaffen und verbreitet wurden, die gottgleich über die Meinungen herrschen. Sei es die Magersucht oder der Muskelwahn, die Drogen oder die abstrusen Vornamen. So ein Jean-Claude (sprich: Schann-Klohd) Schmidt oder eine Jaqueline-Rosette (sprich: Schackelihne-Rosedde) Weigel machen schon etwas her - in der Geburtsanzeige. Später werden sie es schwerer haben. Kürzlich las ich von einem Tjorven Koch. Er sollte sich nicht in Schweden laut rufen lassen. Tjorven bedeutet dort sinngemäß: „dickes Würstchen". Und dann noch Koch.
Auch ist „Amelie" sehr beliebt. Als Krankheitsbild bedeutet das Wort ein völliges Fehlen von Gliedmaßen. Chacun à son goût.

Man darf die meisten Dinge nur sagen, wie sie sind, um eine treffliche Satyre zu machen.

Hauptsache, man kann darüber kräftig lachen. Nur der Tag, an dem man wenigstens einmal fröhlich sein und wiehern durfte, ist ein richtig gelebter Tag.
Der prächtige Morgen erwacht, er macht Lust auf die Reise. Der Weckruf „Reise, Reise" kommt übrigens von „to rise" - „aufstehen".
Es geht entlang der Küste, an Trelleborg bummeln wir vorbei, der südlichsten Stadt Schwedens. Große Fähren nach Travemünde, Rostock und Swinemünde kreuzen unseren Kurs. Zwar ist das Wegerecht auf unserer Seite, weil wir unter Segeln fahren, aber Fairness und Klugheit

lassen uns die inoffizielle Regel befolgen: „Stahl vor Plastik". Der Kluge, der Erfahrene gibt nach.

Sehr klug; fast hätte ich gesagt: sehr weise!

Danke.
Der Alltag lehrt uns, dass Nachgeben oft der bessere Teil der Weisheit ist. Nur sollte der Klügere nicht so lange nachgeben, bis er der Dümmere ist.
Wir segeln durch den Falsterbokanal. Er wurde vor 75 Jahren gebaut, damit schwedische Schiffe im Zweiten Weltkrieg die deutschen Minensperren meiden und sicher vom Sund in die Ostsee gelangen konnten. Schweden war neutral, aber was interessiert das einen Aggressor? Heute spart uns der Kanal fünfzehn Seemeilen bei der Fahrt um die Klippen des Falsterbo-Riffs.
Wir schlüpfen hindurch und ein paar Stunden später grüßt Malmö. Kaum einer weiß, dass die Stadt im Deutschen einmal Elbogen hieß. Ein Blick auf die Karte erklärt den Namen. An der Spitze des Ellenbogens macht sich die Öresundbrücke auf den Weg nach Dänemark. Malmö hat eine schöne Altstadt; ihr sieht man den Glanz der einstigen Handelsmetropole an. Die Werften haben sich überlebt; in einem alten Dock erwartet uns der Yachthafen. Wir schauen den Einheimischen in die Stuben und Bäder, sie uns in die Plicht. Gewöhnungsbedürftig. Es bringt uns aber den Schweden näher, und sie sind ein sympathisches Völkchen.

Schweden ist wohl im Norden das humanste und freundlichste Land. Bei aller Armut, die nicht zu leugnen und nicht zu verbergen ist, herrscht doch überall eine Ordnung und ein Anschein von Wohlhabenheit, bei der sich alles patriarchalisch wohl befindet.

Im Ganzen kann man das heute wohl nicht mehr so gelten lassen, aber Freundlichkeit, Humanität und Wohlhabenheit sind bis auf unsere Tage gekommen. Schweden hat aus seiner kriegerischen Vergangenheit die

richtige Schlussfolgerung gezogen und hält sich seit dem Wiener Kongress aus Konflikten heraus. Das hat dem Lande gut getan.
Auch Deutschland hat die Chance gehabt, es den Schweden gleich zu tun: nach dem Moskauer Kongress von 1990, der den Zwei-plus-Vier-Vertrag besiegelte.
Doch Kosovo, Libanon, Sudan, Irak sind offenbar ohne das Schwarze Kreuz nicht vorstellbar.
Siebzehn Milliarden Euro und über 100 „Gefallene" hat uns das bisher gekostet.
„Dass nie eine Mutter mehr ihren Sohn beweint ..." hieß es in der zweiten Strophe der DDR-Hymne. Daraus wurde nichts. Der Text durfte in der DDR ab 1970 nicht mehr gesungen werden. Dabei wollte Becher doch ein Nationallied schaffen, das „alle Schichten unseres Volkes" anspricht.
Er würde sicher noch im Sarge lachen, wenn er wüsste, dass Bundespräsident Herzog 1995 in Brasilien mit der ostdeutschen Hymne begrüßt wurde. Herzog hat es ertragen und überlebt. „Deutschland - einig Vaterland". Das ist doch wahr geworden, oder?
Die Welt ist noch immer und mehr denn je im Kriege.

Fast jeder Monat bringt jetzt eine neue Katastrophe. Jetzt hält man den Ölzweig empor: wer bürgt uns, daß, ehe du dieses liest, lieber Leser, nicht die Flamme über unserm Haupt schlage? Kraft und Mut hilft das Leben tragen; geschlossen ist es bald, wenn das Schicksal will; bei diesem etwas leichter, bei jenem etwas schwerer ... Die letzten Kriege haben ganz die Ohnmacht unseres Systems gezeigt, vorzüglich der letzte.

Die Letzten? Schön wäre es. Erst der Allerletzte wird der Letzte sein.

Wir nennen Frieden, was doch nur Lethargie vor dem Tode ist, und ich fürchte, wir erwachen nur zu unserm Ende.

Optimismus sieht anders aus. Was kann man tun? Dagegen anschreiben? Das hast Du umfänglich getan und doch nichts aufhalten können.

Solange wir satt und zufrieden sind und diesen Zustand ohne Anstrengungen bewahren wollen, bleibt wenig Raum für Änderungen, die der Menschheit Hoffnung geben können.

Wenn wir nicht von vorne anfangen, dürfen wir nicht hoffen, weiter zu kommen.

Ein großes Wort. Wo ist vorne? Faustkeil? Pyramiden? Golgatha? Luther? Das alles wird nicht funktionieren und Du weißt das so gut wie jeder andere Kluge.
Seltsam, welche Arabesken die Gedanken schlagen. Wir wollten uns doch nur über den Hafen wundern.
Hinaus auf den Sund. Richtung Norden geht die Reise. Vierzig Seemeilen sind es bis Helsingborg, sie führen uns vorbei an der Insel Ven, die einmal dem erwähnten Tycho Brahe gehörte. Eine Sternwarte ließ er errichten, nannte sie Stjerneborg und beobachtete den Mond, die Fixsterne und die Planeten, vom heutigen Lichtersmog Kopenhagens und Malmös ungestört.
Bald kommt die schmalste Stelle des Sundes auf uns zu, keine vier Kilometer breit, eine knappe halbe Meile schwedisch.
Wir machen in Helsingborg fest, der Burg am Halse der Meerenge, und spazieren in das Hinterland, durch die Altstadt, der man die vielen Kriege zwischen Dänen und Schweden um den strategisch wichtigen Ort ansieht. Kein Haus ist älter als 350 Jahre und nach jedem Krieg und jedem Brand baute man neu im Stil der jeweiligen Zeit.

Von allen schwedischen Städten, die ich gesehen habe, hat wohl Helsingborg die wenigste Annehmlichkeit des Örtlichen; ob es gleich von der Natur noch nicht ganz vernachlässigt ist. Von Festungswerken ist, nach den Verträgen beider Nationen, nicht das geringste auf der schwedischen Seite.

Das Hinterland ist lieblich und dicht bewaldet. Dieser Anblick hat Dich schon 1805 berührt und Deine Gefühle wurden übermächtig.

Solltest du glauben, es kommt mir fast vor, als ob ich in meinen alten Tagen etwas Anlage zur Empfindsamkeit bekäme. Ich habe in einigen Aktionen gestanden, und es sind vor mir und neben mir mehrere ehrliche Kameraden zur ewigen Ruhe niedergeschossen worden, und es hat sich unter dem linken Knopfloch doch nicht außerordentlich bewegt. Hier sah ich zwischen Markaryd und Fagerhult in der Abendsonne wieder das erste Buchenblatt, und unwillkürlich fiel der alte Kerl daneben auf den Rasen und küßte das Blatt und verhüllte das Gesicht in den Strauch. Ich glaube gar, die Augenwimper fing an, mir zu glühen … Wenn im Paradiese keine Eichen und Buchen wachsen, so bleibe ich bestimmt in die Länge nicht darin.

Markaryd und Fagerhult liegen einen guten Tagesmarsch von hier und die von Dir beschriebene Stimmung kommt erneut über uns. Heimweh. Abschied von Schweden. Ich verspreche es Dir, die Überfahrt wird ein Vergnügen sein, verglichen mit der Passage in Deinem Sommer.

Für ein Boot über den Sund mußte ich 4½ Taler schwedisch bezahlen und hatte wieder das Vergnügen, bei ziemlichem Sturm fünf Stunden über einer Fahrt zuzubringen, die man sonst wohl in einer halben Stunde macht. Neptun scheint mir durchaus nicht hold zu sein.

Wir schaffen es in einer Stunde, der Blick zu den Ufern ist prächtig. Gehöriger Ausguck sorgt dafür, dass wir nicht mit den vielen Frachtschiffen und Fähren ins Gehege kommen, die dem Sund folgen oder ihn queren.

Der Sund auf und ab, zwischen den beiden schönen Ufern, gewährt mit der großen Menge Schiffe aller Nationen und aller Kaliber, die fast beständig dort liegen, dem Auge einen überraschenden, höchst angenehmen Anblick.

Wir sind einer Meinung und genießen den Augenschmaus.

DÄNEMARK

Helsingør ist das dänische Gegenstück zu Helsingborg. Wir legen unterhalb des Schlosses an, Du freust Dich über das Wiedersehen.

Helsingör mit seinem alten, festen Schloß macht sich allerdings besser als das schwedische Helsingborg: aber dafür hat das schwedische Ufer, rechts hinauf nach Gotenburg zu, unendlich mehr malerische Schönheit.

Shakespeares „Hamlet" spielt im Schloss Kronborg. Man hat daraus eine Touristenattraktion gemacht und heftig übertrieben. Zum Glück haben der Dänenprinz und seine Derivate ab fünf Uhr nachmittags Feierabend, sonst wären er und Shakespeare uns sicher ähnlich verleidet worden wie Goethe in Ilmenau.
Man hat in Helsingør die Befürchtung, dass selbst der Kuckuck aus der Uhr quäkt: „There are more things in heaven and earth, Horatio …".
Gemütlichen Schrittes ziehen wir um das Schloss, staunen zu einem der Türme empor, der ein Leuchtfeuer birgt, spazieren zum Marienkloster und in die Altstadt.
Die Dänen ähneln ihren schwedischen Verwandten im Charakter.

… soviel ich urteilen kann, ist hier alles so freundlich und liberal, als man es irgendwo nur erwarten darf. Auch herrscht hier ohne viel Geld ein Grad von Wohlstand, der dem Zuschauer wohltut.

Wir fühlen uns wohl und geborgen, obwohl Du wegen der Sprache etwas knurrst und verallgemeinerst.

Eben als ich nun anfing, kauderwelsch rüstig schwedisch zu radebrechen und das Knackabroe vortrefflich zu finden, mußte ich über den Sund. So geht's mit dem ganzen Leben. Wenn man erst recht eingerichtet ist, segelt man ab.

Mir kommen beide Sprachen sehr ähnlich vor, das hat sicher damit zu tun, dass ich von keiner etwas weiß, außer „Bitte" und „Danke" und „Guten Tag" und „Auf Wiedersehen". Ich freue mich, dass Du das Bild vom Segeln verwendest.
Endgültig wenden wir den Bug nach Süden, Richtung Kopenhagen. Es ist nicht weit.

Vom Ufer hierher bis in die Residenz sollen fünf Meilen sein: aber bekanntlich sind die dänischen Meilen ziemlich klein, vorzüglich wenn man aus Schweden kommt; und diese scheinen die kleinsten von den dänischen Meilen zu sein.

Rund fünfzig Kilometer sind es wohl, für Dich eine Kleinigkeit. Ich bin froh, dass wir ein Boot unter uns haben. Nur ein Tagestörn, dann geht es an den alten Festungen vorbei - hinein in die dänische Hauptstadt.

Kopenhagen liegt zwar nicht so schön und romantisch wie Stockholm, aber es hat eine Menge sehr angenehmer, freundlicher Partien: und wenn man an einem schönen Abend in einem Boot auf der Reede über die große Batterie hinausfährt, hat man rundumher einen Anblick, den man wahrscheinlich in der ganzen Ostsee nicht mehr hat. Auf einiger Höhe sieht man das schöne Ufer von Seeland bis an den Sund und die schwedische Küste bis fast hinauf nach Malmö. Selbst Neapel hat nur den Vorzug der üppigeren Natur und der klassischen Umgebungen: Kultur des Landes und Humanität stehen hier im allgemeinen unstreitig höher.

In den Kanälen von Christianshavn kann man gut liegen. Wir sind hungrig und entern in Seefahrerkluft eine Kneipe. Niemand macht eine Bemerkung über uns, die Bedienung ist freundlich, das Essen teuer, das Trinken fast unbezahlbar. Im Hotel Royal, wo Du vor 210 Jahren weiltest, hätten wir in unserem Aufzug wohl ein Knurren erzeugt. Da hat sich nicht viel geändert. Das Hotel gibt es noch, wenn auch nicht mehr den Bau, in dem Du kritisch beäugt wurdest.

Mein Postillion brachte mich also in Kopenhagen dem alten Schloß gegenüber in das Hotel Royal: besser konnte ich nach seiner Meinung freilich nicht wohnen; und ich war auch zufrieden. Es ist, wie du denken kannst, ein Haus nach großem Stil; der schön geputzte Merkur sah mich und meinen Tornister ziemlich zweideutig an, als ob er intimieren wollte, wir gehörten wohl beide nicht hierher ... Denn wer in der Welt nicht auch sogleich Gold von außen hat oder durch den Anschein verspricht, ist in Ewigkeit ein Lump, wie sich unsere feinen Leute ausdrücken, auch wenn er in der Tasche in Dukaten wühlte. Es kommt überall nur auf den Schein an. Man braucht weder gelehrt noch weise, noch brav, noch gut, noch gerecht zu sein; wenn man nur so aussieht, als ob man es alles wäre.

Der Schein trügt, aber die Welt will das so. Das Urteil anderer ist vielen Menschen wichtiger als die Meinung von sich selbst, falls sie eine solche überhaupt haben.

Die meisten Menschen haben überhaupt gar keine Meinung, viel weniger eine eigene, viel weniger eine geprüfte, viel weniger vernünftige Grundsätze.

Kopenhagen ist eine schöne Stadt. Dort sitzt das Folketing, wie das Parlament heißt und schon mit dem Namen etwas germanisch-uralt-Demokratisches verheißt.
Volksthing. Klingt romantischer als es war. Wer traditionelle Namen nicht mit Inhalten gleichsetzt, ist gut beraten. Nur Männer durften in grauer Vorzeit teilnehmen, besser gesagt, sie mussten es. Wer nicht kam, wurde gesucht und zwangsvorgeführt, dingfest gemacht.
Es residiert in København, dem Kaufmannshafen, die Königin, die aber auch nicht mehr allzuviel zu sagen hat. Trotzdem oder vielleicht deshalb wird Margrethe II. von den meisten Dänen verehrt. Nur ihr Kettenrauchen hat sie, in der Öffentlichkeit, vor ein paar Jahren eingestellt. Kam nicht so gut an. Bei Dir wäre sie damit ohnehin in Ungnade gefallen.

> *Der Tabak und der Kaffee verzehrt auch unter dem Landvolke große Summen, ohne daß er den geringsten Vortheil brächte. Verständige Aerzte behaupten und beweisen die Schädlichkeit von beiden; und doch nimmt der Gebrauch immer mehr überhand.*

Der königliche Kaffeekonsum ist kein Thema in der Öffentlichkeit. Die Ärzte warnen immer noch und immer eindringlicher vor den Folgen des Rauchens. Aber es ist nun einmal in der Welt und über Moden sprachen wir schon.

> *Der Kaffee mit seinen Surrogaten und der Tobak sind doch sonderbare, unbegreifliche Thelkterien der Seele bei unsern Zeitgenossen. Man hat kaum Brot, aber Tobak muß man eher haben; und das schwarze, bittere Branntwasser ist durchaus nicht zu entbehren.*

Du sagst es. Das Brot allein ist nicht mehr im Gespräch, dazu ist es zu billig. Nehmen wir es im übertragenen Sinne, als Sinnbild für das wirklich Existentielle. So geben einige Menschen ihr Letztes für Kaffee, Zigaretten, Alkohol und andere „Notwendigkeiten" und beschweren sich dann lauthals, dass die Sozialleistungen zu knapp bemessen seien, um den Kindern ein Frühstücksbrot zu bereiten.
Mit den „Thelkterien" hast Du mich wieder einmal sprachlos gemacht. Auf diesen Angriff werde ich mit „Humankapital" reagieren, da wirst Du ebenso entgeistert schauen.

> *Es ist nur Scham zu ernten, wo das Vaterland bloß merkantilisch behandelt wird.*

Oho, gut pariert. Da muss ich eben „Thelkterien" später, in Ruhe, zu interpretieren suchen. Fragen möchte ich Dich nicht, man will ja nicht als ungebildet erscheinen.
Nun werden wir uns Kopenhagen erlaufen. Es wimmelt von königlichen Schlössern: Amalienborg, Christiansborg, Rosenborg. Kirchen sind Legion und die Alte Börse ist mit ihrem Drachenturm symbolisch, authen-

tisch und dennoch lustig anzusehen. Aufs Tivoli verzichten wir beide, Vergnügungen dieser Art liegen uns nicht.

Sich amüsieren heißt etymologisch: die Muße loswerden. Amüsement wäre also das Vergnügen der Plattköpfe.

Wir wollen die Muße bei uns behalten, da haben wir wenigstens jemanden, der uns küsst.
Ein Regentag muss abgewettert werden; in Dir werden Erinnerungen wach.

Seeland überhaupt, und Kopenhagen insbesondere, liegt sehr tief; es ist also kein Wunder, daß vorzüglich die Fremden über nasse, ungesunde und rheumatische Luft klagen. Marezoll ist vorzüglich mit seinen Beschwerden darüber laut geworden; und wenn ich nur nach der kurzen Zeit meines dasigen Aufenthalts, noch dazu am Ende des Augusts, urteilen darf, so bin ich sehr geneigt, ihm beizustimmen: denn der trüben, ganz finstern Regentage waren selbst in der schönen Jahreszeit wenigstens die größere Hälfte.

Bange machen gilt nicht, wir lassen uns nicht verdrießen, zumal es nicht mehr weit ist bis in unsere Heimat.

In Kopenhagen glaubt man schon halb im Vaterland zu sein.

Wollen wir uns freuen oder traurig sein, dass die gemeinsame Zeit zu Ende geht? Noch haben wir ein Stück vor uns.
Die Fahrt aus der Stadt in den Sund ist weit, wir sehen die Hafenanlagen, riesige Öltanks dominieren das Ganze. Nur wenige Frachter liegen an den Piers, dafür viele Kreuzfahrtschiffe. Nicht erschrecken, Johann Gottfried, die Kreuzfahrer von heute sind nicht mehr das, was sie mal waren..

Kopenhagen ist durchaus der beste und freundlichste Hafen. Nur Syrakus würde besser sein, wenn die Leute dort nicht zu faul wä-

ren. Nirgends findet man wohl eine so große Menge, Schiffe aller Nationen, da es überdies der beste Intermediärhafen des Nordens und des Südens ist ... Die Dänen sind jetzt nach den Engländern wohl die größten Seereisenden; und fast alle Tage kommen Schiffe aus allen Weltgegenden an, und meistens dänische. Daher sie denn den Reichtum des Luxus aller Länder an den Sund bringen, wo man auch nicht ermangelt, ihn mit Geschmack gehörig zu genießen, ehe man ihn weiterbefördert ...

Vorbei sind die Zeiten, als die Dänen in Kopenhagen und Marstal die größten Segelflotten der Welt hielten.
Damals hatten sie auch etwas zu verteidigen, denn die Macht über den Sund bedeutete die Herrschaft über den Ostseehandel:

Von der Landseite ist Kopenhagen eine der beträchtlichsten Festungen, die ich gesehen habe: der größte Fehler ist ihre Größe, der manchen andern unvermeidlich machte. Von der Wasserseite hat sich die Gefahr gezeigt; und wenn auch eine Landung mit Gefahr verbunden und nicht so wahrscheinlich ist, so konnte es doch bisher in ziemlich enger Blockade gehalten werden. Diesem wird jetzt durch Erbauung von zwei Batterien ziemlich tief im Wasser abgeholfen. Die eine, die sogenannte große Batterie nach dem Sund hinauf, ist nun ziemlich fertig und ist wirklich ein riesenhaftes Werk ... Auf der Stelle der andern Batterie, rechts herauf an der Spitze von Amager, liegen jetzt nur noch drei alte zusammengestoßene Linienschiffe, die mit ihrem Wrack auf dem Grunde stehen ... Wenn diese beiden Batterien fertig sind, möchte es wohl ziemlich schwer werden, Kopenhagen durch eine Blockade zu schaden, wenn es nur einigermaßen durch seine Flotte unterstützt wird.

Durch die große Batterie fährt man jetzt nach Kopenhagen hinein, Fahrwasser wie das „Lynetteløbet" erinnern noch an die Festungsbauten, das Große Kastell liegt direkt hinter der Kleinen Meerjungfrau.
Und im Süden, vor Amager, wurde vor hundert Jahren das Fort Dragør erbaut, sundbeherrschend. Nun liegt es nutzlos in der Gegend herum.

Richtig schön ist der Blick von den Geschütztürmen auf die Sundbrücke. Dafür hat Christian X. die Festung allerdings nicht geschaffen, zumal es die Brücke erst seit 15 Jahren gibt.
Die gewaltigen Anlagen nützten Kopenhagen nicht viel. Der 9. April 1940 bleibt als Trauma, an einem einzigen Tag wurde das gesamte Land von den Deutschen besetzt.

Die Insel Amager, welche mit der Stadt durch eine Brücke der Festungswerke zusammenhängt, ist der Kohlgarten der Hauptstadt, und die holländische reiche Kultur derselben gibt dem Auge eine sehr angenehme Abwechselung. Es war nachmittags einigemal meine Erholung, die Artillerie dort Bomben werfen zu sehen; ich kann ihren Übungen aber nicht durchaus das beste Zeugnis geben; denn sooft ich dort war, trafen sie nur selten nahe an das Ziel; das Ziel selbst sah ich nie treffen.

Hat das ursächlich mit der Niederlage im Zweiten Weltkrieg zu tun? Die Dänen hatten eigentlich genug Zeit zum Üben ... Dein Hang zum Militärischen ist nicht zu überlesen.
Langsam versinkt Kopenhagen hinter uns.
Deine Erzählung von der Überfahrt nach Deutschland macht keine Lust auf Wiederholung:

Die Fahrt ist bekannt und ging schlecht genug, was das Schiffen anlangt, und lustig genug, was die Gesellschaft betrifft. Wir hatten eine gute Ladung Damen mit in der Kajüte, die alle bis zur letzten Instanz gehörig seekrank wurden, und zwar wiederholt, nachdem der Sturm brauste und schwieg. Da bin ich denn doch in meiner Grämlichkeit einigemal ganz artig gewesen und habe hinauf- und heruntergeführt und führen helfen, wo es fehlte: sonst war meine Galanterie billig nur negativ, daß ich schnell wegging, wo ich zuviel war ... Die Kajüte war nur so eben leidlich und hätte weit besser sein können und sollen. Auch finde ich es nicht gut, daß man nicht mit Essen versehen wird. ... Sehr inhuman werden die Leute auf dem Verdecke behandelt, gewissenlos hart. Es war September;

die Luft ist um diese Zeit schon rauh und kalt, zumal in dieser Gegend, zumal auf der See. Es waren ungefähr achtzehn gemeinere Leute auf dem Verdecke. Diese waren die ganze Zeit über dem kalten Regen und dem einschlagenden Seewasser ausgesetzt. Eine solche Überfahrt ist fast soviel als ein Feldzug; kein Dach, keine Decke, kein Stückchen Segeltuch ... Wir hörten Heulen und Zähneklappern unter den Leuten, und überall war Fieberschauer ... es sind vierzig Meilen, und auf einem solchen Wege ist man zur See schon vielen Zufällen ausgesetzt.

Gib' endlich zu, dass es auf unserem Schifflein schöner, wärmer und bequemer ist. Du hast Deine eigene Kajüte, in der Du Dich nach Belieben strecken kannst. Es ist warm, wenn wir es wollen, denn die Heizung arbeitet still und zuverlässig. Für Essen und Trinken ist gesorgt; seekranke Frauen sind kein Thema.
Natürlich ist es eine lange Strecke.

Wir konnten die Inseln gar nicht loswerden: Moen und Langeland und Falster, und wie die Nester alle heißen, waren uns ewig im Gesichte; und wir glaubten alle Stunden links hinüber nach dem Mecklenburgischen geworfen zu werden.

Wir halten es eher mit der Ruhe und machen Station in Rødvig, schauen uns dort den alten Flintofen an, in dem einst Feuerstein in Pulver zur Fayenceglasur verwandelt wurde, und spazieren zur Kirche von Højerup, 30 Meter über dem Meer. Im Jahre 1928 stürzte ein Teil der Küste ab und riss den Chor in die Tiefe, obwohl sich das gotische Gotteshaus jede Christnacht einen Hahnenschritt weit ins Land bewegt. Aber selbst das reichte nicht. So behauptet die Mär.

Des Glaubens Sonde ist der Zweifel.

Sei nicht so streng, es ist nur eine Sage! Von wandelnden Bauten hört man viel im Volksglauben, von sich wandelnden noch viel mehr.

Wir passieren Møns Klint, eine Steilküste aus Kreidefels, die zehn Meter höhere Schwester des Rügenschen Königstuhls, schlingern zwischen den Heringsnetzen hindurch und landen in Klintholm.
Vor kurzem kümmerte sich noch ein Mensch um die Ankommenden, gab Rat, half mit Tat und kassierte mit einem Lächeln.
Heute wartet ein Automat, der fatal an den Kalmarer KOLLEKTOMATEN erinnert, auf unser Geld. Er lächelt nicht, sondern spuckt: Ein Billet aus seinem Rachen. Der Gang zur Räucherei und das Festmahl aus Lachs und Hering entschädigen dafür.

Meine Fischreise wäre also hier geschlossen, denn du kannst nachrechnen, daß ich in dieser Rücksicht diesen Sommer einen herrlichen Zug gemacht habe ... Die Oder, die Weichsel, die Memel, die Düna, die Embach, die Newa, die Wolga; bedenke, welche fischreiche Ströme; die großen und kleinen Landseen nicht mit eingerechnet ... Und nun der Strich am Finnischen und Bottnischen Meerbusen und der Ostsee herunter bis zur Nordsee: das gab Reichtum an Floßfedergeschöpfen, vom Lachs bis zum Strömling. Und an keinem habe ich mir den Magen verdorben.

Erfreuliche Botschaft zum Ende der Fahrt. Der dänische Räucherfisch ist ein Gaumenfeuerwerk. Dazu einen Weißen - ach nein, Du trinkst ja nicht. Obwohl, auf dem Wege nach Syrakus hast Du eine Ausnahme gemacht, die Dir so schlecht nicht bekam.

Das Brot war schlecht, aber der Wein desto besser. Ich war nüchtern, hatte schon viel Weg gemacht, war warm und trank in großen Zügen das Rebengeschenk, das wie die Gabe aus Galliens Kampanien perlte und wie Nektar hinunterglitt. Ich trank reichlich, denn ich war durstig; und als ich die Kaupone verließ, war es als schwebte ich davon, und als wäre mir der Geist des Gottes sogar in die Fersen gefahren. So viel erinnere ich mich, ich machte Verse, die mir in meiner Seligkeit ganz gut vorkamen. Schade, daß ich nicht Zeit und Stimmung hatte, sie aufzuschreiben; so würdest Du doch wenigstens sehen, wie mir Lyäus dichten hilft; denn meine übrige Arbeit ist sehr nüchtern.

Komm, wir wollen ein Glas vom Grauburgunder nehmen, es bleiben dann Gaumen und Prosa nicht ganz trocken.
Der nächste Morgen empfängt uns mit trübem Himmel, mit Wind und Welle. Wir werden durchsegeln, eine lange Strecke bis Kiel. Falster bleibt an Steuerbord, mit Gedser, einer Stadt, die trüber ist als Nowgorod zu Deiner Zeit. Man könnte es ähnlich beschreiben, nur die vielen Kirchen fehlen. Gedser hat stattdessen einen Wasserturm.

Von ferne sieht die Stadt (Nowgorod - d. V.) aus, als ob sie noch gewaltig viel zu bedeuten hätte; das Inwendige ist aber ziemlich öde und leer. An Kirchen fehlt es nicht, aber desto mehr an guten volkreichen Straßen. Es sind so viele große leere Stellen nach allen Seiten, daß ich fast glaube, die Bürger können ihr Brot und ihren ganzen Mundvorrat in der Stadt bauen, ohne aus dem Tore zu gehen.

Dabei war Gedser einmal voll Leben und das Ziel so manchen Traumes, gingen doch die großen Eisenbahnfähren von Rostock hierher und brachten auf der Rückfahrt das Fernweh mit.
Seit die Brücken über Belte und Sund führen, hat die Stadt ziemlich ausgedient, und so sieht sie auch aus.

ABSCHIED

Nach Westen geht der Kurs, nördlich an Fehmarn vorbei und hinein in Kieler Bucht und Förde.

Die keilförmige Bucht von Kiel, von welcher wahrscheinlich die Stadt den Namen hat, macht bei der Einfahrt einen schönen Anblick. Rechts die Festung und der Kanal und der Wald und links einige schöne Dörfer mit schön gruppierten Bergschluchten.

Auf Backbord hockt ein Riesenturm, der bei Deiner ersten Fahrt noch nicht an den Himmel stieß, 72 Meter ist er hoch, über 200 Fuß.
Marine-Ehrenmal heißt das Ganze. Die Jungs, die in den U-Booten elendig verreckten, hätten wohl lieber ihr Leben behalten, als so gewaltig geehrt zu werden. Mahnmal sollte man es wenigstens nennen.

In Kiel gefällt mir's nicht sonderlich, aber bei Kiel desto besser. Die Gegend ist äußerst freundlich und lieblich, und man könnte wohl sagen malerisch, wenn man darunter das versteht, was die Seele durch das Auge in angenehme Bewegung setzt ... Es ist hier allerdings keineswegs die hohe Schönheit der Alpen und die furchtbare Größe ihrer Gipfel und Schluchten, sondern es ist die gefällige Wellenlinie, die die Seele in Ruhe und Betrachtung zieht. ... Für den Landschaftsmaler ist freilich nichts Ausgezeichnetes hier, aber sehr viel reiner Genuß für den unverdorbenen Sohn der Natur ... das bekanntere Deutschland hat vielleicht nicht noch zwanzig so freundliche Gegenden aufzuweisen, als die Kieler ist.

Gut, dann also nicht ganz hinein in die Stadt, im Weichbild lockt Düsternbrook, zu Deinen Zeiten ein Gehölz, heute ein Villenviertel, auch sitzt jetzt die Regierung von Schleswig-Holstein hier. Der Olympiahafen von 1936 ist unser Ziel.
Lass' uns noch ein wenig gemeinsam ausschreiten.

Ein Morgenspaziergang durch Düsternbrook nach der Mündung des Kanals und von diesem hinauf bis Knop ist ein Genuß, den zehn Seestädte nicht gewähren. Ich möchte wohl an dem ganzen Kanal hinauf bis an die Nordsee gehen: die Schönheiten müssen zahlreich und mannigfaltig sein. Von der Mündung bis nach Knop, kaum eine Stunde Weges, begegneten uns eine Menge Schiffe; und ihre Durchfahrt durch die Schleusen gibt Unterhaltung, wenn man es auch schon sehr oft gesehen hat.

Noch eine Erkenntnis, die ich Dir verdanke: den Wasserweg zwischen Nord- und Ostsee gab es schon zu Deiner Zeit. Ein dänischer König ließ ihn erbauen und nannte ihn Eiderkanal. Bis Rendsburg wurde gegraben, von dort aus schwammen die Schiffe über die Eider in die Nordsee.
Wir nehmen Abschied voneinander, ohne Zeremoniell.
Du willst Deinen alten Wegen folgen, nach Hamburg, Lüneburg und Braunschweig gehen, dann wird sich Deine Spur verlieren und unser Sommer ist verweht.
Viel besser verstehe ich nun Dich und Deine Zeiten; auch die Verhältnisse und Umstände, die Deine Spaziergänge und Werke werden ließen.
Selbst meine Zeit habe ich besser begriffen, zusammen mit Dir, mit Deinen Fragen, Deinem Staunen und Deinen Worten, die ich unverfälscht hier wiedergab.
Lebe wohl, Johann Gottfried. Wir sagen „Tschüss" zur Kabbelsee. Es war beides nie ganz ernst gemeint, weder unser Gekabbele noch das der See.
Meine Zuversicht ist groß. Du bist gestorben, aber nicht tot.
Deine Gedanken, Deine Werke leben und Deine Worte bleiben wahr:

*Wer blickte mit Besonnenheit
umher in unsrer Weltgeschichte,
ganz ohne Furcht, daß nicht im Streit
ein Dämon ihm den Mut vernichte?
Das Urteil drängt sich mächtig ein,
als wär's vom Schicksal zugeschworen:
der Mensch vielleicht kann weise sein;
allein die Menschen bleiben Toren.*

WAS ICH DIR ERKLÄREN MUSS

Die abendlichen Gespräche machten uns gegenseitig staunen. Da schwirrten Begriffe umher, die der andere nicht kannte und nicht kennen konnte.
Es brauchte Zeit zum gegenseitigen Verstehen.
Hier sind nun Dinge für Johann Gottfried zusammengetragen, die ich ihm schon unterwegs erläuterte: der Fluss meiner Erzählung sollte damit nicht unterbrochen werden.
Es ist schwierig, mit den Worten aus Seumes Zeiten zu erklären, was erst weit später in die Welt kam.
Ich will es trotzdem versuchen. Du wirkst gefasst.

Man muß viel gesehen und gedacht haben, ehe man zu Horazens Nil admirari gelangt...

Auto(mobil)
„Selbstfahrer", auch Kraftwagen oder Motorwagen - Nachfolger der Kutsche bzw. des Pferdewagens; wird von einem Motor („Beweger") angetrieben, der durch Verbrennung von petroleumähnlichen Flüssigkeiten mechanische Energie erzeugt, die, in kreisende Bewegung umgesetzt, auf die Räder übertragen wird; um 1880 erfunden; vom Reisenden selbst gelenkt und zum Transport von Menschen und Gegenständen verwendet; heute besitzt jeder zweite Deutsche solch ein Fahrzeug

Beton
künstlich hergestellter Steinbaustoff aus Kalk, Wasser, Sand, Ton und anderen Ingredienzien; schon die Römer kannten das Opus caementitium; die Aquädukte und die Kuppel des Pantheons in Rom bestehen daraus

Blechlauben
scherzhafte Bezeichnung für →Automobile

Boulevardpresse
periodisch erscheinende Druckerzeugnisse meist geringer Seriosität; waren ursprünglich nicht abonnierbar, nur auf der Straße (Boulevard) erhältlich

Computer
„computare" - ausrechnen; Maschine, die (mit → Strom betrieben) unvorstellbar schnell arbeitet; um 1940 für mathematische Berechnungen entwickelt; heute in fast jedem deutschen Haushalt vorhanden; man kann damit Texte schreiben, Mathematik betreiben, Bilder herstellen und verändern, bewegte Sequenzen (wie bei einer Laterna magica) ansehen, mit anderen Computerbesitzern Nachrichten austauschen sowie Meldungen und Bilder von allen Orten der Welt erhalten; die Ergebnisse werden auf einem → Monitor angezeigt

Eisenbahn
weit verbreitetes Verkehrsmittel, Waggons rollen auf Eisenschienen; werden von → Lokomotiven gezogen

Euro
gemeinsame Währung, seit 2002 in vielen Ländern Europas gültig; hat z. B. die Lira, den Franc, die Peseta und den Schilling abgelöst

Flugzeug
Maschine, die Menschen und Gegenstände durch die Luft befördert; kann in einer Stunde über 100 Meilen zurücklegen; erste Entwürfe hat Leonardo da Vinci erarbeitet; heute fliegen Millionen Menschen mit Flugzeugen

Fotografie
„mit Licht schreiben" - auf speziellen Geräten (Fotoapparaten, → Computern usw.) Bilder der Umgebung festhalten, ohne selbige zeichnen oder malen zu müssen; ähnlich wie bei einer Camera obscura werden die Bilder in das Innere des Gerätes projiziert, dort mittels chemischer oder elektrischer Vorgänge fixiert und aufbewahrt; diese Bilder können immer wieder angesehen oder auch auf Papier festgehalten werden

Garage
frz.: „garer" - sicher verwahren; Unterstellmöglichkeit für → Automobile; vergleichbar mit einer Remise für Kutschen

Gasherd
Kochgerät; mit einem brennbaren Gas betrieben; man kann die Flamme und damit die Hitze bequem mit einem Stellrad regeln

Google
sogenannte Suchmaschine, ein Verfahren des Suchens nach Fakten und Personen im → Internet mittels eines → Computers; durch Eingeben eines Begriffes oder einer Frage kann gefunden werden, was andere Menschen dazu im Internet veröffentlich haben

Internet
weltweites Netz von zahllosen → Computern; man kann darüber Nachrichten und Bilder austauschen und abfragen, was andere Menschen über sich oder über Ereignisse und Sachverhalte öffentlich gemacht haben

Kreditkarte
lat. „credere" - glauben (im Sinne von vertrauen) - Ersatz für bares Geld; die auf der Karte (ungefähr 3 Zoll lang und 2 Zoll breit) unsichtbar vermerkten Tatsachen zum Besitzer und seinen Geldverhältnissen ermöglichen es, dass die Bezahlung für Dinge und Leistungen über das → Internet erfolgen und das Geld vom Konto abgebucht werden kann

Kreuzfahrtschiff
großes Schiff, das Menschen zum Vergnügen zu sehenswerten Häfen bringt, also auf den Meeren kreuzt; hat nichts mit den Kreuzfahrern im Mittelalter zu tun

Lokomotive
„sich von der Stelle bewegend" - schon zu Deinen Lebzeiten vom Engländer Richard Trevithick entwickelt; eine auf Eisengeleisen (Spuren, Schienen) fahrende Maschine, mit Dampf, Strom oder einer aus Petroleum gewonnenen Flüssigkeit (Diesel) angetrieben; zieht eine Reihe von Personen- oder Lastwagen (Waggons) mit hoher Geschwindigkeit über große Entfernungen von Ort zu Ort; ursprünglich eine Dampfmaschine auf Rädern, welche sie selbst antreibt

Luftschiff
ein in den Jahren 1910 - 1937 verbreitetes Luft-Verkehrsmittel; Nachfolger der Montgolfière; in einen versteiften Ballon wurde ein Gas, das leichter als Luft ist, gefüllt; so schwebte die Konstruktion; Menschen sind in Kabinen mit dem Luftschiff mitgefahren;

Monitor
Bildschirm - Gerät, das an einen → Computer angeschlossen wird, um dessen Arbeitsergebnisse sichtbar zu machen; in Verbindung mit dem → Internet eine Art „Fenster in die Welt"

Motorrad
ein zweirädriges Gefährt, wie ein → Automobil von einem Motor angetrieben und vom Passagier selbst gelenkt

Olympische Spiele
in der Antike: seit dem 2. Jahrtausend v. u. Z. trafen sich alle vier Jahre die Wettkämpfer in Olympia, um ihre Kräfte zu messen; 1896 durch Baron Pierre de Coubertin wiederbelebt

Reisebus
Omnibus für Vergnügungsfahrten über größere Entfernungen

Rock'n'Roll
Musik- und Tanzform um 1955 - 1965; in den Vereinigten Staaten von Amerika entstanden; mit wilden Bewegungsformen; Ausdruck jugendlichen Protestes gegen die Gewohnheiten der Elterngeneration

Rolls-Royce
edle → Automobile aus England; teuer und repräsentativ; für die Reichen und Privilegierten

Schutzgeld
Erpressungsform, bei der das Opfer für „Schutz" vor Schaden (zum Beispiel angedrohter Brand bei Nichtzahlung) Geld übergibt und keine Gegenleistung erhält

Spielautomaten
Maschinen, gegen die man Glücksspiele ausführen kann; um 1880 erfunden; man muss Geld hineinwerfen und kann vielleicht Geld gewinnen; meist ist das für den Spieler verlustreich

Stau
→ Automobile hindern sich durch ihr massenhaftes Vorkommen gegenseitig am Fahren und müssen warten, bis wieder genug Platz für alle auf der Straße ist

Strom, elektrischer
beruht auf der Entdeckung des Thales von Milet (6. Jhd. v. u. Z.), dass Bernstein, wenn er gerieben wird, leichte Teilchen anzieht, weil sich elektrische Ladungen, die getrennt werden, wieder vereinigen wollen; dieser Effekt wird seit ca. 1850 ausgenutzt, um große Energiemengen zu erzeugen und in andere Energieformen umzuwandeln (Licht, Wärme, mechanische Energie zum Betrieb von Fahrzeugen und Maschinen, Speicherung und Verarbeitung von Informationen in → Computern); die moderne Zivilisation kann ohne elektrischen Strom nicht mehr existieren

Telefon
Fernsprecher - eine Maschine, mit deren Hilfe man mit anderen Menschen sprechen kann, über den ganzen Erdball hinweg; jedes Telefon hat ein eigenes Kennzeichen (Nummer), so dass man genau den gewünschten Partner erreichen kann und kein anderer das Gesprochene mithört

U-Boot
Unterseeboot; Schiff, das unter Wasser fahren kann; durch Aufnahme und Abgabe von Wasser in speziellen Tanks kann es ab- und auftauchen; meist für militärische Zwecke verwendet; erste praktische Versuche gab es bereits im 17. Jhd.

Untergrundbahn, U-Bahn
elektrisch betriebene → Eisenbahn, die in Tunneln unter der Oberfläche fährt; besonders in großen Städten; erste U-Bahnen ab 1860 in London, Athen und Berlin

VISA
weltweit tätiges → Kreditkartenunternehmen

Weltkriege
der 1. Weltkrieg wurde 1914 - 1918 geführt, forderte mindestens 17 Millionen Tote und 20 Millionen Verwundete; Deutschland verlor diesen Krieg und die Gebiete Elsass-Lothringen, Westpreußen, die Provinz Posen, Nordschleswig, Teile von Schlesien und alle Kolonien;
der 2. Weltkrieg wurde 1939 von Deutschland begonnen und dauerte bis 1945, forderte 65 Millionen Menschenleben und noch mehr Verwundete; Deutschland verlor auch diesen Krieg und alle Gebiete östlich der Oder und der Neiße

Wikipedia
Enzyklopädie im → Internet, Informationen zu allen Wissensgebieten; wird von freiwilligen Autoren aus aller Welt verfasst, laufend erweitert und bearbeitet

MENSCHEN • ORTE • DINGE

Die Reise ist Geschichte. Das Geschriebene ruht eine Weile; es muss noch reifen.
Nach Wochen schaue ich hinein und schlage oft nach, um mir manches noch einmal zu erklären; vor allem Worte, die Seume sprach und Dinge, die er nannte.
Andererseits ist einiges aus meiner Begriffswelt wohl nicht jedermann sofort gewärtig.
Also spreche ich zu mir: „Mache Dir die Mühe und erkläre dies und jenes, auch auf die Gefahr hin, dass es trivial erscheinen möge."
Falls Johann Gottfried es einmal liest, dann begegnet er so manchem Faktum, das er nicht kennen kann oder aus seiner Sicht anders betrachten würde.
Zudem ist es interessant, welche historischen, geografischen und politischen Fäden sich von und zu den Punkten einer Reise spinnen lassen.
Noch etwas: sollte das Büchlein nach weiteren 210 Jahren noch einmal gefunden oder gar gelesen werden, dann wird bestimmt sehr vieles, was heute allgemeines Wissen ist, im Orkus der Zeitläufte versunken sein.

Vielleicht erfährst Du hier wenig oder nichts Neues. Die Vernünftigen wissen das alles längst.

à la suite
Begriff aus dem Militärwesen; Personen, die zum Tragen der Uniform berechtigt, aber ansonsten ohne dienstliche Stellung waren; wörtlich „im Gefolge von"

Aarö
Årø - dänische Insel im Kleinen Belt; 160 Einwohner; gehörte zu Deutschland bis zur Volksabstimmung im Jahr 1920 (im Gefolge des 1. Weltkrieges)

Acerbi
Giuseppe Acerbi (1773 - 1846); italienischer Reisender und Naturforscher; Doktor der Rechtswissenschaften

achtern, achteraus
seemänn.: hinter dem Schiff

Agricola
Georgius Agricola - eigentlich Georg Bauer [auch Pawer](1494 - 1555); deutscher „Vater der Mineralogie"; Renaissance-Gelehrter auf dem Gebiet der Pädagogik, Medizin, Philosophie und Geschichte; Hauptwerk: Buch der Metallkunde „De re metallica"

Aiolos
der griechische Gott der Winde

Aither
in der griechischen Mythologie der Gott und die Personifikation des Lichtes, der Luft und der Götter

Ålands
Åland (finnisch: Ahvenanmaa); Inselgruppe in der nördlichen Ostsee zwischen Schweden und dem finnischen Festland; autonome Region Finnlands; mehrheitlich von Schweden bewohnt; Amtssprache ist Schwedisch

Albion
antiker Name für die Britischen Inseln

Alexander I.
Alexander I. Pawlowitsch Romanow (1777 - 1825); Kaiser von Russland (1801 - 1825), König von Polen (1815 -1825) und erster russischer Großfürst von Finnland (1809 - 1825)

Alexander II.
Alexander II. Nikolajewitsch (1818 - 1881); russischer Zar von 1855 bis 1881

Amager
Insel im Öresund mit einem Teil von Kopenhagen, dem Flughafen Kopenhagen-Kastrup und der Hafenstadt Dragør; ist das dichtest besiedelte Eiland Dänemarks

anthropologisch
Wissenschaft vom Menschen; Seume meint wohl die philosophische Anthropologie; hier geht es um Eigenschaften wie Personalität, Entscheidungsfreiheit und Selbstbestimmung

apokalyptische Reiter
die vier apokalyptischen Reiter sind Boten des nahenden Jüngsten Gerichts, der zweite symbolisiert den Krieg

Apokryphen
„Verborgenes, zu Verbergendes"; Aufzeichnungen von Seume, niedergeschrieben in den Jahren 1806 und 1807; Notizen zum Zeitgeschehen, zu philosophischen Reflexionen und ethisch-politischen Maximen; selbstironisch von ihm als „Schmieralien" bezeichnet; eigentlich: Texte, die nicht in den biblischen Kanon aufgenommen wurden

Arabeske
eigentlich: Rankenornament; übertragen: verschlungener Gedankengang

Arethuse
Arethusa - Nymphe der Arethusaquelle auf der Insel Ortygia bei Syrakus in Sizilien; eine der Najaden (Quellnymphen), waren Fruchtbarkeitsgöttinnen und galten als sehr eifersüchtig

Arno
italienischer Fluss in der nördlichen Toskana; 240 Kilometer lang

Attila
(um 450); „König" der Hunnen; in der Nibelungensage als Etzel erwähnt

August der Starke
Friedrich August I. von Sachsen (1670 - 1733); Kurfürst von Sachsen sowie König von Polen und Großfürst von Litauen (als August II.) in Personalunion; war eine der schillerndsten Figuren höfischer Prachtentfaltung; Prototyp absolutistischer Selbstdarstellung

Backbord
die in Fahrtrichtung linke Seite des Schiffes

Backskiste
von oben zu öffnende Kastenbank, die in Segelbooten eingebaut ist und als Stauraum sowie als Sitzbank dient

Baedeker
Karl Bædeker (1801 - 1859); deutscher Verleger; Begründer der Baedeker-Reiseführer

Batterie
Geschützstellung

Beaufort
Sir Francis Beaufort (1774 - 1857); Hydrograf der britischen Admiralität, für die „Admiralty Charts" verantwortlich, damals die besten Seekarten der Welt; an der Entwicklung der Windskala, die später nach ihm benannt wurde, hatte er nur einen geringen Anteil

Böttiger
Karl August Böttiger (1760 - 1835); deutscher Philologe, Archäologe, Pädagoge und Schriftsteller; einflussreiche pädagogische Tätigkeiten in Weimar und Dresden; seit 1797 reger Briefwechsel mit Seume

Becher
Johannes Robert Becher (1891 - 1958); deutscher expressionistischer Dichter und Politiker, Minister für Kultur der DDR; bekannt als Verfasser des Textes der Nationalhymne der DDR

Birgersson
Bengt Birgersson (1254 - 1291); schwedischer Geistlicher; Bischof von Linköping; Herzog von Finnland

Blut und Eisen
aus einer Rede des preußischen Ministerpräsidenten Otto von Bismarck im Jahre 1862 „ ... nicht durch Reden oder Majoritätsbeschlüsse werden die gro-

ßen Fragen der Zeit entschieden, ... , sondern durch Eisen und Blut" - damit begründete er eine auf Gewalt basierende Außenpolitik

Bomarsund
ehemalige russische Festung auf den Åland-Inseln

Bottensee
südlicher Teil des Bottnischen Meerbusens zwischen Schweden und Finnland

Brahe
auch Tycho de Brahe; (1546 - 1601); dänischer Adliger und bedeutender Astronom; baute Sternwarten auf der Insel Ven; Beobachtungsgenie und Vorgänger Keplers am kaiserlichen Hof

Bristol
Frederick Augustus Hervey, 4. Earl of Bristol (1730 - 1803); britischer Bischof, Kunstliebhaber und Exzentriker; eine Karikatur des Lords, gezeichnet von Johann Christian Reinhart, zierte die Erstausgabe des „Spaziergang nach Syrakus"

Buchenwald
Nazi-Konzentrationslager bei Weimar; dort starben ca. 56.000 Menschen

Büchner
Karl Georg Büchner (1813 - 1837); deutscher Schriftsteller, Mediziner, Naturwissenschaftler und Revolutionär; einer der bedeutendsten Literaten seiner Zeit

Bugenhagen
Johannes Bugenhagen (1485 - 1558); deutscher Reformator und Weggefährte Martin Luthers

Bunkern
seemännisch: ein Schiff mit Proviant versehen

Burlak
Wolgatreidler; die Wolgaschiffe wurden flussaufwärts von Menschen gezogen

Büsching
Anton Friedrich Büsching (1724 - 1793); deutscher evangelischer Theologe und Geograph; Verfasser der „Neuen Erdbeschreibung"

Buxhövden
Friedrich Wilhelm von Buxhoeveden (1750 - 1811); deutsch-baltischer General und Feldherr, Gouverneur von Polen und Militärgouverneur von Sankt Petersburg

Cacus
römische Mythologie: riesenhafter, mörderischer Räuber, der sich als Sohn des Vulkanus auf das Feuerspeien verstand und das Tor seiner Höhlenwohnung mit den Schädeln und Knochen seiner Opfer dekorierte

Camera obscura
dunkler Raum mit einem Loch in der Wand, der für das Erzeugen von Bildern verwendet wird, es entsteht ein spiegelverkehrtes und auf dem Kopf stehendes Abbild der Außenwelt

Campagna Romana
hügelige Umgebung Roms zwischen Tyrrhenischen Meer und Apennin; von antiken Grabdenkmälern und Ruinen römischer Aquädukte geprägt

Carl XVI. Gustaf
Carl Gustaf Folke Hubertus Bernadotte (*1946); seit 1973 König von Schweden

Cato
Marcus Porcius Cato Censorius (234 - 149 v. u. Z.); römischer Feldherr, Geschichtsschreiber, Schriftsteller und Staatsmann; Musterbeispiel eines römischen Konservativen

Chacun à son goût
frz.: "jeder nach seinem Geschmack" bzw. „jedem nach seinem Geschmack"

Chamberlain
Arthur Neville Chamberlain (1869 - 1940); britischer Politiker der Konservativen und von 1937 bis 1940 Premierminister; durch seine Beschwichtigungspo-

litik gegenüber Nazi-Deutschland maßgeblich am Münchner Abkommen von 1938 und damit dem Ende der Tschechoslowakei beteiligt

Champs-Élysées
„Elysische Felder" → Elysium; eine der größten Prachtstraßen der Welt; in Paris

Chapeau!
Hut ab!

Chargé d'affaires
Botschafter, Gesandter

Cherchez la femme!
frz.: „Mach die Frau ausfindig!"; Bedeutung: Da steckt eine Frau dahinter

Chodorkowski
Michail Borissowitsch Chodorkowski (*1963); russischer Unternehmer, früherer Oligarch und Vorstandsvorsitzender des Ölkonzerns Yukos; von 2003 bis 2013 wegen Steuerhinterziehung und planmäßigen Betrugs in Haft

Christian X.
Christian Carl Frederik Albert Alexander Vilhelm (1870 - 1947); König von Dänemark von 1912 bis 1947

Christianshavn
Bezirk von Kopenhagen; entstand 1619 auf Initiative von König Christian IV.; befindet sich auf einer künstlichen Insel südöstlich der Innenstadt; das alte Kanalsystem ist noch intakt

Cicerone
Fremdenführer

Clodius
Christian August Heinrich Clodius (1772 - 1836); deutscher Dichter und Philosoph; galt als frühreifes Genie, wurde 1800 außerordentlicher Professor der Philosophie an der Universität Leipzig; setzte gemeinsam mit Göschen J. G. Seumes Fragment „Mein Leben" fort

Codex Argenteus
„silbernes Buch"; Rest eines Evangeliars in gotischer Sprache, in der Universitätsbibliothek zu Uppsala aufbewahrt; mit silber- und goldfarbener Tinte auf purpurfarbenes Pergament geschrieben

Cookie
wörtlich: „Keks"; verborgene Textinformation, dient dazu, den Besucher einer Internetseite bei einem erneuten Aufruf „wiederzuerkennen"

Corioliskraft
Trägheitskraft, die einen bewegten Körper quer zu seiner Bewegungsrichtung ablenkt; ist eine Ursache für die Entstehung der Wettersysteme auf der Erde

Cosel
Anna Constantia Reichsgräfin von Cosel (1680 - 1765); Mätresse Augusts des Starken; wurde auf die Burg Stolpen verbannt

Coubertin
Pierre de Frédy, Baron de Coubertin (1863 - 1937); französischer Pädagoge, Historiker und Sportfunktionär; trat für eine Wiederbelebung der Olympischen Spiele ein; gründete 1894 das Internationale Olympische Komitee

Cyrus
Kyros II.; auch Kyros der Große; regierte Persien von etwa 560 bis 530 v. u. Z.; weitete die Grenzen des altpersischen Reichs deutlich aus

Czaslau
Čáslav - Stadt im Okres Kutná Hora (Kreis Kuttenberg) in Tschechien, ca. 10.000 Einwohner

Dach
Simon Dach (*1605 in Memel; †1659 in Königsberg); deutscher Dichter der Barockzeit, produzierte tausende von Dichtungen auf Bestellung

DDR
Deutsche Demokratische Republik; Staat in Mitteleuropa (1949 - 1990); weitgehend von der Sowjetunion abhängig; kommunistische / „!realsozialistische"

Diktatur unter Führung der Sozialistischen Einheitspartei Deutschlands (SED); „sozialistischer Staat der Arbeiter und Bauern", „deutscher Friedensstaat", der Antifaschismus wurde zur Staatsdoktrin erklärt

De gustibus ...
„über Geschmack und Farben kann man nicht streiten"

Delos
Insel der Kykladen im Ägäischen Meer; hier leben nur die Museumsaufseher mit ihren Familien; war in der Antike eine blühende Siedlung; Apollonheiligtum

Demos
griech.: das Volk

Diminutiv
Verkleinerungsform

Dippen
mit einer Flagge einen Gruß erweisen → siehe **Nationale**

Dixisti
„Du hast gesprochen"

Djurgården
Tiergarten - Insel und Parkgebiet im Osten von Stockholm; bis 1809 königliches Jagdrevier

Drachme
antike Gewichts- und Münzeinheit sowie ehemalige Währung Griechenlands (1831 bis 2001)

Dragør
dänische Kleinstadt an der Südspitze der Insel Amager; ca. 11.000 Einwohner; aus Fischerdorf zu wohlhabender Schifffahrtsstadt geworden

Draisine
Laufmaschine, zweirädriges (einspuriges), von Menschenkraft betriebenes Fahrzeug; wurde von Karl Drais um 1817 erfunden

Drittes Reich
Zeit des Nationalsozialismus (auch: Faschismus), das Deutsche Reich von 1933 bis 1945; erstes Reich: Heiliges Römisches Reich Deutscher Nation (um 1100 - 1806); zweites Reich: Deutsches Kaiserreich (1871 - 1918)

du Fay
Charles François de Cisternay du Fay (1698 - 1739); französischer Naturforscher, entdeckte die elektrischen Ladungen (positiv / negativ)

Eckerö
Insel Gemeinde in Åland; ca. 900 Einwohner; Finnlands westlichste Gemeinde; Fährhafen nach Schweden

Edda
zwei in altisländischer Sprache verfasste literarische Werke aus dem 13. Jhd.; wurden im christianisierten Island niedergeschrieben und behandeln skandinavische Götter- und Heldensagen

Eklektizismus
in der Architektur: Zitieren von Stilelementen verschiedener vergangener Epochen an einem neuen Bauwerk

Elysium
Elysion - in der griechischen Mythologie „Insel der Seligen"; hierhin werden jene entrückt, die von den Göttern geliebt wurden oder denen sie Unsterblichkeit schenkten

Engel
Johann Carl Ludwig Engel (1778 - 1840); deutsch-finnischer Architekt und Maler des Klassizismus; Studienfreund von Karl Friedrich Schinkel; russischer Generalintendant des Bauwesens für Finnland; schuf Senat, Dom und Universität in Helsinki

Eos
in der griechischen Mythologie die Göttin der Morgenröte

Erebos
in der griechischen Mythologie der Gott der Finsternis, Vater von Aither

Erik XIV.
(1533 - 1577); 1560 - 1568 König von Schweden

Etymologie
Wissenschaft von der Entstehung eines Begriffes

Eupatriten
altathenische herrschende Adelsgeschlechter

Euphemismus
Beschönigung, Verbrämung; sprachlicher Ausdruck, der einen Sachverhalt beschönigend, mildernd oder in verschleiernder Absicht benennt

Fagerhult
Ortschaft im Süden der schwedischen Provinz Småland

Fahrenheit
Daniel Gabriel Fahrenheit (*1686 in Danzig; †1736 in Den Haag); Physiker, nach ihm wurde die Temperatureinheit °F benannt

Falk
Johannes Daniel Falk (*1768 in Danzig; †1826 in Weimar); evangelischer Laientheologe, Schriftsteller und Kirchenlieddichter; Begründer der Jugendsozialarbeit

Falster
dänische Insel mit ca. 42.000 Einwohnern; über ein Drittel lebt im Hauptort Nykøbing

Falsterbo
Halbinsel an der südwestlichsten Spitze der skandinavischen Halbinsel; Grenze zwischen Ostsee und Öresund; ca. 25 Kilometer südlich von Malmö

Fehmarn
Ostseeinsel in Schleswig-Holstein; drittgrößte Insel Deutschlands mit dem Hauptort Burg; durch Landwirtschaft und Tourismus geprägt

Festmacher
Tau, mit dem ein Schiff mit dem Land oder einem anderen Schiff verbunden wird

Findeisen
Kurt Arnold Findeisen (1883 - 1963); Pseudonym Wendelin Dudelsack; deutscher Schriftsteller, verfasste volkstümliche, seiner sächsischen Heimat verbundene und biographische Romane, u. a. über J. G. Seume; seine Haltung zum Nationalsozialismus ist umstritten, er erhielt 1943 den Gaukulturpreis von Sachsen

Fischer
Fischer, Helene (*1984 in Krasnojarsk / Russland); eigentlich Jelena Petrowna Fischer; erfolgreiche deutsche Schlagersängerin, Tänzerin und „Unterhaltungskünstlerin"

Floßfedern
Flossen eines Fisches

Flying-P-Liner
Segelschiffe der Hamburger Reederei F. Laeisz; für Geschwindigkeit und Sicherheit berühmt; die Schiffsnamen begannen mit einem „P"

Foucault
Jean Bernard Léon Foucault (1819 - 1868); französischer Physiker; entwickelte das nach ihm benannte Pendel; es veranschaulicht u. a. die Erdrotation

Franklin
Benjamin Franklin (1706 - 1790); nordamerikanischer Drucker, Verleger, Schriftsteller, Naturwissenschaftler, Erfinder und Staatsmann; er erfand den Blitzableiter

Friaul
italienisch: Friuli, Landschaft im Nordosten Italiens um die Stadt Udine

Frieden von Paris
(Dritter Pariser Frieden) - 1856 in Paris zwischen dem Osmanischen Reich sowie Frankreich, Großbritannien und Sardinien einerseits und Russland andererseits geschlossen; beendete den Krimkrieg

Galen
Galenos von Pergamon, auch Aelius Galenus (um 130 - um 200); griechischer Arzt und Anatom; begriff den Menschen als Leib-Seele-Einheit, die vom Spirituellen und von der Materie beeinflusst wird; Krankheit war für ihn eine fehlerhafte Mischung der Säfte Blut, Schleim, gelbe Galle und schwarze Galle

Galvani
Luigi Galvani (1737 - 1798); italienischer Arzt, Anatom und Biophysiker; entwickelte die Grundlage für die elektrochemischen Zellen (Batterien)

Gaspari
Adam Christian Gaspari (1752 - 1830); deutscher Geograph; u. a. „Neuer methodischer Schul-Atlas" von 1799

Gedser
dänische Stadt auf der Insel Falster, südlich von Nykøbing; wichtiger Fährhafen für die Ostsee zwischen Deutschland und Skandinavien; in der Nähe liegt die Gedser Odde, der geografisch südlichste Punkt Dänemarks und Skandinaviens

Generalsekretär
hier: höchster Funktionär kommunistischer Parteien; hatte große Entscheidungsbefugnisse, die sich auf das gesamte Leben im Staat auswirkten; de-facto-Diktator

George
Heinrich George (1893 - 1946); deutscher Schauspieler; u. a. in den NS-Propagandafilmen „Hitlerjunge Quex"; „Kolberg" und „Jud Süß" - im sowjetischen Speziallager Sachsenhausen umgekommen

Gneisenau
August Wilhelm Antonius Graf Neidhardt von Gneisenau (1760 - 1831); preußischer Generalfeldmarschall und Heeresreformer

Goebbels
Joseph Goebbels (1897 - 1945); Politiker während der Zeit des Nationalsozialismus; enger Vertrauter Hitlers; Reichsminister für Volksaufklärung und Propaganda und Leiter der Reichskulturkammer; seine demagogischen Auftritte machten Nazi-Ideologie, Krieg, Judenhass und politische Verfolgung maßgeblich „gesellschaftsfähig"

Golgatha
Hügel bei Jerusalem; nach der Bibel wurde dort Jesus von Nazareth gekreuzigt

Göschen
Georg Joachim Göschen (1752 - 1828); Verleger der Goethe-Zeit, lebte und wirkte in Grimma; Förderer Seumes

Gotenburg
Göteborg; Großstadt in den schwedischen Provinzen Västergötland und Bohuslän; zweitgrößte Stadt Schwedens; ca. 900.000 Einwohner

Gotland
schwedische Insel; zweitgrößte Insel der Ostsee; benannt nach dem Germanenstamm der Goten, der die Insel verließ, um (als Ost- und Westgoten bekannt) große Reiche im Mittelmeerraum zu errichten

Grangie
landwirtschaftlicher Gutskomplex

Grass
Günter Grass (*1927 in Danzig; †2015 in Lübeck); deutscher Schriftsteller, Bildhauer, Maler und Grafiker mit → kaschubischen Vorfahren; Debütroman: „Die Blechtrommel", Literatur-Nobelpreisträger

Greifendynastie
Bezeichnung der Herzöge von Pommern, abgeleitet vom Wappentier

Grexit
Kunstwort; meint das mögliche Ausscheiden Griechenlands aus der europäischen Gemeinschaftswährung Euro

Grißleham
Grisslehamn - schwedischer Ort an der Ostseeküste, ca. 250 Einwohner, Hafen für die Fähren nach Åland

Grodno
Hrodna - Stadt in Weißrussland an der Memel, nahe dem Dreiländereck zu Polen und Litauen, ca. 330.000 Einwohner

Grotius
Hugo Grotius (1583 - 1645); politischer Philosoph, reformierter Theologe, Rechtsgelehrter und früher Aufklärer; einer der intellektuellen Gründungsväter des Souveränitätsgedankens, der Naturrechtslehre und des Völkerrechts

Gustav I. Wasa
Gustav Eriksson (1496 - 1560); von 1523 bis 1560 schwedischer König

Gustav II. Adolf
(1594 - 1632); von 1611 bis 1632 König von Schweden; verschaffte dem Land die führende Rolle im nördlichen Europa; verhinderte im Dreißigjährigen Krieg den Sieg des kaiserlichen Lagers; sicherte die Existenz des deutschen Protestantismus; fiel in der Schlacht bei Lützen

Gustav IV. Adolf
Gustav IV. Adolf (1778 - 1837); König von Schweden von 1792 bis 1809

Guttenberg
Karl-Theodor Freiherr von und zu Guttenberg (*1971); deutscher Politiker; war Bundesminister für Wirtschaft und Technologie sowie Bundesminister der Verteidigung; nach einer Plagiatsaffäre um seine Dissertation legte er 2011 alle Ämter nieder

Halifax
Hauptstadt der Provinz Nova Scotia in Kanada; ca. 400.000 Einwohner

halsen
Richtungsänderung mit einem Segelschiff, dabei wird das Heck durch den Wind gesteuert

Hamina
südostfinnische Hafenstadt am Finnischen Meerbusen, 150 km östlich von Helsinki, ca. 21.000 Einwohner

Hammer und Sichel
Symbol des Kommunismus; steht für die „Arbeiter- und Bauern-Macht"

Hanöbucht
Bucht an der schwedischen Ostseeküste; Namensgeber ist die kleine Insel Hanö; die Küste wird auch Aalküste (Ålakusten) genannt

Havnefoget
dän.: Hafenmeister

Hawking
Stephen William Hawking (*1942); britischer theoretischer Physiker und Astrophysiker, war Inhaber des Lucasischen Lehrstuhls für Mathematik an der Universität Cambridge, den einst Isaac Newton innehatte; bedeutende Arbeiten zur Kosmologie, Allgemeinen Relativitätstheorie und Physik der Schwarzen Löcher; seit 1968 auf einen Rollstuhl angewiesen; verlor 1985 die Fähigkeit, zu sprechen

Heilsarmee
christliche Freikirche ausgeprägt sozialen Charakters, 1865 gegründet, wirkt weltweit; straff militärisch strukturiert, mit Rängen, Uniformen und Symbolen

Heine
Christian Johann Heinrich Heine (1797 - 1856); einer der bedeutendsten deutschen Dichter, Schriftsteller und Journalisten des 19. Jahrhunderts; letzter Dichter der Romantik und deren Überwinder

Helios
in der griechischen Mythologie der Sonnengott

Helsingborg
Stadt im südschwedischen Skåne; ca. 97.000 Einwohner; bedeutender Industriestandort, zweitgrößter Hafen Schwedens

Helsingfors
schwedischer Name für Helsinki

Helsingør
Stadt in Dänemark am nördlichen Ausgang des Öresund, gegenüber der schwedischen Stadt Helsingborg, ca. 46.000 Einwohnern; historisches Schloss Kronborg, dort spielt Shakespeares „Hamlet"

Herder
Johann Gottfried (von) Herder (1744 - 1803); deutscher Dichter, Übersetzer, Theologe, Geschichts- und Kulturphilosoph

Herzog
Roman Herzog (*1934); deutscher Jurist und Politiker; war von 1994 bis 1999 der 7. Bundespräsident

Hitler
Adolf Hitler (1889 - 1945); von 1933 bis 1945 Diktator des Deutschen Reiches; prägte die antisemitische und rassistische Ideologie des Nationalsozialismus; seine Herrschaft kostete insgesamt rund 65 Millionen Menschen das Leben (Kriegsopfer, rassisch und politisch Verfolgte, behinderte und kranke Menschen ...)

Hitler-Stalin-Pakt
deutsch-sowjetischer Nichtangriffspakt von 1939; garantierte Nazi-Deutschland die sowjetische Neutralität bei einem Krieg mit Polen und den Westmächten; ein geheimes Zusatzprotokoll erklärte Ostpolen, Finnland, Estland und Lettland zur sowjetischen, Westpolen und Litauen zur deutschen Interessensphäre

Hohnstädt
Stadtteil von Grimma; 1952 eingemeindet; 1795 erwarb Göschen hier ein Landgut (mit dem heutigen Göschenhaus)

Højerup
Gemeinde auf der Insel Sjælland im südlichen Dänemark, ca. 200 Einwohner

Holstein-Gottorp
Nebenlinie des Hauses Oldenburg; daraus gingen vier schwedische Könige und seit 1762 die russischen Zaren hervor

Honi soit qui mal y pense
„Ein Schelm, der schlecht darüber denkt"; Devise des englischen → Hosenbandordens

Hornscheidt
Lann Hornscheidt (*1965); Professur für Gender Studies und Sprachanalyse an der Humboldt-Universität Berlin; möchte keinem Geschlecht zugeordnet sein („Professx")

Hosenbandorden
höchster Orden des Vereinigten Königreichs; 1348 gestiftet

Hospitalität
Gastfreundschaft

Hubertusburger Frieden
im Jahr 1763 geschlossene Friedensverträge zwischen Preußen, Österreich und Sachsen; beendeten den Siebenjährigen Krieg

Humankapital
Fähigkeiten, Kenntnisse, Erfahrungen, Talente und Wissen von Mitarbeitern; der Begriff ist inzwischen negativ besetzt; wurde „deutsches Unwort" des Jahres 2004

Hype
durch Medien erzeugte Aufmerksamkeit mit meist überzogenen Erwartungen

Ichthyophagen
griech.: Fischfresser

Idiosynkrasie
spezifische Eigentümlichkeit einer Person

Igelström
Otto Heinrich von Igelström (1737 - 1823); schwedischer General in russischen Diensten, Seume diente ihm 1792 - 1794 als Adjutant

Ikonostas
bildergeschmückte Wand mit drei Türen, die in orthodoxen Kirchenbauten zwischen dem inneren Kirchenschiff und dem Altarraum steht

Indolenz
Schmerzlosigkeit, Schmerzfreiheit, Gleichgültigkeit

Ingermanland
historische Provinz rund um Sankt Petersburg

Iniquität
Unrecht, Ungleichheit

Intermediärhafen
Umschlaghafen, es werden Waren auf andere Schiffe oder für den Landtransport umgeladen

intimieren
kundtun, verkünden

Ios
griechische → Kykladeninsel im Ägäischen Meer; ca. 2.000 Einwohner, birgt nach der Sage Homers Grab; verfügt angeblich über 365 Kirchen und Kapellen

Isais
biblische Person aus dem Alten Testament um 1100 v. Chr., Vater von König David

Isle of Wight
der Südküste Englands vorgelagerte Insel gegenüber Southampton; 139.000 Einwohner; von der Macht der dort lebenden Hexen berichtet Heinrich → Heine

Iwan der Schreckliche
Iwan IV. Wassiljewitsch, der Schreckliche (1530 - 1584); Großfürst von Moskau, ließ sich zum Zaren von Russland krönen; war von einem krankhaften Misstrauen erfüllt; galt als Choleriker und Sadist

Jagiellonica
Katharina Jagiellonica (schwedisch Katarina Jagellonica av Polen; 1526 - 1583); Gattin von Johann III. Wasa; Herzogin von Finnland; Königin von Schweden

Johann III.
Johann III. (1537 - 1592); König von Schweden von 1568 bis 1592

Johanna
Johanna Loth, eine Schülerin, die viel zu jung und viel zu reich für Seume war und standesgemäß einen Kaufmann heiraten musste; sein „Sommer 1805" war auch eine Flucht vor dieser Liebe

Kalmar
Stadt in Schweden am Kalmarsund; ca. 36.000 Einwohner

Kampanien
Galliens Kampanien - wahrscheinlich die Champagne (frz. Landschaft, für ihren Weinbau bekannt) - evtl. abgeleitet von der italienischen Landschaft Kampanien mit der Hauptstadt Neapel

Kasan
Hauptstadt der Republik Tatarstan in Russland; ca. 1.150.000 Einwohner; an der Wolga; 800 km östlich von Moskau

kaschubisch
gefährdete westslawische Sprache, westlich und südlich von Danzig von ca. 150.000 Kaschuben verstanden; von ca. 50.000 als Alltagssprache verwendet;

Günter Grass hatte kaschubische Vorfahren; in der „Blechtrommel" setzte er den Kaschuben ein literarisches Denkmal

Kåseberga
Ortschaft in der schwedischen Provinz Skåne; dort befindet sich Ales stenar (größte Schiffssetzung Schwedens)

Kastelholm
mittelalterliches Schloss auf Åland; erbaut seit dem 14. Jhd.; heute Kulturhistorisches Museum

Katalaunische Felder
Schlacht auf den Katalaunischen Feldern (Gallien - heute Frankreich) im Jahre 451 n. u. Z. zwischen Römern und den Hunnen unter Attila; das römisch-westgotische Heer besiegte die Hunnen

Katharina
Katharina II., genannt Katharina die Große (1729 - 1796); Kaiserin von Russland; Repräsentantin des aufgeklärten Absolutismus

Kaupone
lat.: caupona - Gaststätte, Herberge; meist abwertend gebraucht

Kibitke
russ.: leichter ungefederter, oben offener oder mit einer Plane bedeckter Wagen; eine mit drei Pferden bespannte Kibitke heißt Troika

Kiel
Landeshauptstadt von Schleswig-Holstein; im 13. Jhd. gegründet; ca. 240.000 Einwohner; an der Ostsee; Endpunkt der meistbefahrenen künstlichen Wasserstraße der Welt, des Nord-Ostsee-Kanals

Kimm
Grenzlinie zwischen Wasser und Himmel auf dem Meer

Kinski
Klaus Kinski (*1926 in Danzig; †1991 in Kalifornien); deutscher Schauspieler, auf die Darstellung psychopathischer und getriebener Charaktere spezialisiert

Kißlestschie
wahrscheinlich von kislo - russ.: „sauer" - offenbar eine andere Bezeichnung für Kwas, der einen leicht säuerlichen Geschmack hat

Klassizismus
kunstgeschichtliche Epoche im deutschsprachigen Raum zwischen 1770 und 1840 mit Rückgriffen auf antike griechisch-römische Vorbilder

kleine Meerjungfrau
Den lille Havfrue - Bronzefigur an der Uferpromenade Langelinie in Kopenhagen; Vorbild: Figur im gleichnamigen Märchen des dänischen Dichters Hans Christian Andersen; mit einer Höhe von 125 cm ist sie eines der kleinsten Wahrzeichen der Welt

Kleist
Bernd Heinrich Wilhelm von Kleist (1777 - 1811); Dramatiker, Erzähler, Lyriker und Publizist; stand als Außenseiter im literarischen Leben seiner Zeit; zentrale Themen waren Schicksal vs. Zufall und subjektives Urteil vs. objektive Wirklichkeit

Klintholm
Hafen auf der Insel Møn

Knackabroe
Knäckebrot

Knop
Gut Knoop am Nord-Ostsee-Kanal; westlich von Kiel-Holtenau in der Nähe des ehemaligen Eiderkanals

Knoten
nautische Geschwindigkeitseinheit: eine → Seemeile pro Stunde

Kolin
Kolín - Stadt an der Elbe in Mittelböhmen, 60 km östlich von Prag, ca. 30.000 Einwohner

Konstantin
Konstantin Pawlowitsch Romanow (1779 - 1831); Großfürst und Zarewitsch von Russland

Kontusion
Prellung

Konzentrationslager
hier: Arbeits- und Vernichtungslager zur Zeit des deutschen Nazi-Regimes

Kosaken
im 19. Jhd.: erblicher Kriegerstand in Russland - meist als leichte Reiterei eingesetzt

Kotzebue
August Friedrich Ferdinand von Kotzebue (1761 - 1819 [ermordet]); deutscher Dramatiker und Schriftsteller, russischer Generalkonsul in Weimar, Gegner der deutschen Nationalbewegung

Krasnaja Presnja („Rote Presnja")
Moskauer Stadtteil, ursprünglich die traditionelle Arbeiterwohngegend Presnja, geprägt von einem der sieben „Zuckerbäckerstil"-Hochhäuser der Stadt

Krimkrieg
von 1853 bis 1856 zwischen Russland und der Türkei; Frankreich, Großbritannien und das Königreich Sardinien kamen den Türken zu Hilfe und verhinderten, dass Russland sein Gebiet zu Lasten des Osmanischen Reiches vergrößerte

Kronstadt
Stadt und frühere Seefestung auf der Ostseeinsel Kotlin vor Sankt Petersburg; 1703 von Peter I. gegründet

Kumlinge
Gemeinde in Åland; vier Inseln: Kumlinge, Enklinge, Seglinge und Björkö; ca. 350 Einwohner

kurisch
ausgestorbene baltische Sprache, ursprünglich in West-Lettland und Ostpreußen von den Kuren gesprochen

Kurland
eine der historischen Landschaften Lettlands; der von Ostsee und Rigaischem Meerbusen umfasste Westteil des Landes um die Städte Liepāja (Libau) und Ventspils (Windau), südwestlich des Flusses Daugava (Düna)

Kutusow
Fürst Michail Illarionowitsch Kutusow-Smolenski (1745 - 1813); russischer Generalfeldmarschall; gilt als Held des Vaterländischen Krieges gegen Napoleon Bonaparte

Kykladen
„Ringinseln" – griechische Inseln im Ägäischen Meer, bilden einen „Kreis" um das heilige Eiland Delos

Langeland
Ostseeinsel in Dänemark; ca 12.500 Einwohnern; Teil der sogenannten Dänischen Südsee

Lappland
nördlichste Landschaft Finnlands

Lavrion
Gemeinde in Attika; Kleinstadt mit 25.000 Einwohnern an der Küste des Ägäischen Meeres; ca. 50 km östlich von Athen

Lenin
eigentlich Wladimir Iljitsch Uljanow, (1870 - 1924); kommunistischer Politiker und Revolutionär, marxistischer Theoretiker, Vorsitzender der Bolschewiki-Partei und der daraus hervorgegangenen Kommunistischen Partei Russlands, Gründer und Regierungschef der Sowjetunion

Lenin-Pionier
Angehörige/r der Kinderorganisation der Kommunistischen Partei der Sowjetunion

Lethargie
Teilnahmslosigkeit, Untätigkeit

Libau
Liepāja - Hafenstadt an der Ostsee; ca. 80.000 Einwohner, drittgrößte Stadt Lettlands

Lichtenberg
Georg Christoph Lichtenberg (1742 - 1799); deutscher Mathematiker und Professor für Experimentalphysik; Begründer des deutschsprachigen Aphorismus

Linné
Carl von Linné (1707 - 1778); schwedischer Naturforscher, schuf mit der binären Nomenklatur die Grundlagen der modernen botanischen und zoologischen Klassifizierung

Livland
Bezeichnung für eine historische Landschaft im Baltikum; umfasst weitestgehend die Gebiete der heutigen Staaten Estland und Lettland

Lund
Stadt in der südschwedischen Provinz Skåne; „Studentenstadt"; kulturelles Zentrum; am schnellsten wachsende Stadt des Landes, ca. 83.000 Einwohner

Luther
Martin Luther (1483 - 1546); deutscher Theologieprofessor; Urheber der Reformation; stellte Jesus Christus in den Mittelpunkt des Glaubens; wollte Fehlentwicklungen der Kirche korrigieren

Lyäus
„Sorgenbrecher"; ein weiterer Name von Dionysos, griechischer Gott des Weines, der Freude, der Trauben, der Fruchtbarkeit, des Wahnsinns und der Ekstase

Mafia
Oberbegriff für Verbrecherorganisationen; ursprünglich in Sizilien; heute weltweit gebräuchlich

Magnusson
Waldemar Magnusson (um 1285 - 1318); schwedischer Prinz und Herzog von Finnland

Mälar
Mälaren; drittgrößter See Schwedens, westlich von Stockholm

Malmö
schwedische Großstadt und Hauptstadt der Provinz Skåne; drittgrößte Stadt des Landes; Universitäts- und Hafenstadt; ca. 310.000 Einwohner

Mamurami
kleine rötliche Beeren

Mann
Paul Thomas Mann (1875 - 1955); deutscher Schriftsteller, emigrierte 1933; zählt zu den bedeutendsten Erzählern im 20. Jahrhundert

Mannerheim
Freiherr Carl Gustaf Emil Mannerheim (1867 - 1951); finnischer Militär und Staatsmann; umstritten wegen des von ihm entfalteten „weißen Terrors" um 1920

Marcos I. Soederos
ironisch für Markus Söder (*1967); möglicher Nachfolger von CSU-Chef Horst Seehofer; leitet das Finanz- und Heimatministerium in Bayern; ist für markige Sprüche bekannt

Marezoll
Johann Gottlob Marezoll (1761 - 1828); protestantischer Theologe, 1794 - 1803 Hauptpastor an der deutschen Peterskirche in Kopenhagen

Margrethe II.
Margrethe II. von Dänemark (*1940); seit 1972 Königin und Staatsoberhaupt Dänemarks, der Färöer und Grönlands; stammt aus dem Haus Schleswig-Holstein-Sonderburg-Glücksburg

Mariehamn
Hauptstadt von Åland; ca. 11.000 Einwohner; Sitz des Lagtings, des Parlaments der Ålands; benannt nach Marija Alexandrowna, Gemahlin von Zar Alexander II., der 1861 die Stadt gründete

Marija Alexandrowna
Maximiliane Wilhelmine Auguste Sophie Marie von Hessen und bei Rhein (1824 - 1880); deutsche Prinzessin; als Marija Alexandrowna russische Zarin, Gemahlin von Zar Alexander II.

Markaryd
Ortschaft im Süden der schwedischen Provinz Småland

Marsfeld
Campus Martius - im alten Rom ein öffentlicher Platz; dem römischen Kriegsgott Mars gewidmet und als Schaf- und Pferdeweide benutzt, solange ihn das Militär nicht zu Übungszwecken benötigte; zahlreiche Nachbildungen, u. a. in St. Petersburg und Paris

Marstal
dänische Stadt an der Südostspitze der Insel Ærø; ca. 2.300 Einwohner; Hafenstadt; Seefahrtsschule; von 1860 bis in die 1920er Jahre gehörte den Marstaler Reedern die zweitgrößte Flotte der dänischen Handelsschifffahrt

Melanchthon
Philipp Melanchthon, eigentlich Philipp Schwartzerdt (1497 - 1560); deutscher Philosoph, Humanist, Theologe und Dichter; neben Martin Luther führender Reformator; „Praeceptor Germaniae" (Lehrer Deutschlands)

Messias
„Gesalbter"; der Begriff wurde für Könige und Hohepriester verwendet; übertragen: Erlöser, Heilsbringer

Methusalem
laut Bibel der Großvater von Noah; lebte 969 Jahre; übertragen: sehr alter Mensch

Metternich
Klemens Wenzel Lothar von Metternich (1773 - 1859); österreichischer Diplomat und Außenminister; spielte auf dem Wiener Kongress eine große Rolle bei der Neuordnung Europas

Miegel
Agnes Miegel (1879 - 1964); deutsche Schriftstellerin, Journalistin und Balladendichterin; dem Nationalsozialismus gegenüber bezog sie eine befürwortende Haltung ; hat sich davon nie distanziert

Mineralsekretär
Spottname für Michail Sergejewitsch Gorbatschow, Generalsekretär der KPdSU (1985 - 1991), der dem Alkoholmissbrauch in der Sowjetunion ein Ende setzen wollte

Minerva
römische Göttin, Beschützerin der Handwerker und des Gewerbes; Schutzgöttin der Dichter und Lehrer; Göttin der Weisheit, der taktischen Kriegsführung, der Kunst und des Schiffbaus sowie Hüterin des Wissens

Minoborony
Ministerstwo Oborony; russisches Verteidigungsministerium

Misanthropie
Menschenfeindlichkeit

Mitau
Jelgava - Stadt in Lettland, 45 km südwestlich von Riga; war die Hauptstadt von Kurland; im Gegensatz zum hanseatischen Riga vom Adel geprägt

Moen
Møn - Insel im dänischen Teil der Ostsee, zwischen der Südspitze Seelands und der Ostspitze Falsters; ca. 9.500 Bewohner; Steilküste, „Rügens Schwester"

Münchner Abkommen
1938 von Großbritannien, Frankreich, Italien und dem Deutschen Reich unterzeichnet; englische und französische Zustimmung zur Eingliederung des tsche-

chischen Sudetenlandes nach Nazi-Deutschland; tschechoslowakische Vertreter waren nicht zugegen

Mykonos
Insel der → Kykladen im Ägäischen Meer; zählt zu den populärsten griechischen Inseln, ca. 10.000 Einwohner, Massentourismus

Narwa
drittgrößte Stadt Estlands, Zentrum der russischsprachigen Minderheit, zu der ca. 95 % der 60.000 Einwohner gehören

Nationale
Flagge, die das Herkunftsland eines Schiffes ausweist, wird i. d. R. am Heck gezeigt; beim → Dippen wird sie am Flaggstock heruntergeholt und wieder gesetzt; bei einer Yacht aus der Halterung genommen und waagerecht gehalten

NATO
North Atlantic Treaty Organization; militärisches Bündnis von 28 europäischen und nordamerikanischen Staaten

Nazi-Zeit / Zeit des Faschismus in Deutschland
Diktatur der Nationalsozialistischen Deutschen Arbeiterpartei (NSDAP) von 1933 bis 1945 unter Adolf Hitler

Nehrung
schmaler Landstreifen, der einen flachen Meeresteil vom offenen Wasser abtrennt

Nekropole
Totenstadt, Gräberfeld

Nekropompe
Leichenrede, Nachruf, Sarggeleit

Nepotismus
Vetternwirtschaft, Vorteilsbeschaffung für Verwandte und Familie

Neudeck
Rupert Neudeck (*1939 in Danzig); deutscher Journalist, Mitbegründer des Vereines „Cap Anamur - Deutsche Not-Ärzte e. V."

Neuschwanstein
Schloss bei Füssen in Bayern; 1869 errichtet; idealisierte mittelalterliche Burg; Architektur und Innenausstattung vom romantischen Eklektizismus geprägt; ein Hauptwerk des Historismus

Newski
Alexander Jaroslawitsch Newski (um 1220 - 1263); russischer Fürst; Nationalheld und Heiliger der orthodoxen Kirche

Nil admirari ...
„Nil admirari prope res est una, Numici, solaque, quae possit facere et servare beatum." - „Nichts anstaunen - nur dies, Numitius, allein kann Menschen glücklich machen und glücklich erhalten" - Epistel I / 6 des Horaz; römischer Dichter (65 - 8 v. u. Z.); die Sentenz erklärt die innere Ruhe zum Ziel menschlichen Strebens

Nidden
Nida - Kurort in Litauen auf der Kurischen Nehrung an der Ostsee, ca. 1.000 Einwohner

Nomen est omen
lat.: „der Name ist ein Zeichen", im übertragenen Sinn: „der Name ist Programm"

Nowgorod
Großstadt in Russland; ca. 200.000 Einwohner; etwa 180 km südöstlich von St. Petersburg; gegründet um 860; im Mittelalter Hauptstadt einer einflussreichen Handelsrepublik

Nyx
in der griechischen Mythologie die Göttin und Personifikation der Nacht, Mutter von → Aither

Oktoberrevolution
Sturz der bürgerlichen Regierung in Russland, die nach dem Ende der Romanow-Monarchie entstanden war, im Herbst 1917, Machtübernahme durch die von den Kommunisten dominierten Sowjets, Beginn der Sowjetzeit

Öland
schwedische Ostseeinsel am Kalmarsund; 137 km lang, bis zu 16 km breit; zweitgrößte Insel Schwedens; ehemaliges königliches Jagdrevier

Olavinpoika
Mikael Agricola - eigentlich Mikael Olavinpoika (1509 - 1557); finnischer Theologe und Reformator; Vater der finnischen Literatursprache

Olita
Alytus - Stadt im südöstlichen Litauen mit rund 70.000 Einwohnern

Oulu
Stadt in Nordfinnland, nördlichste Großstadt Finnlands und der Europäischen Union; ca. 200.000 Einwohner; Partnerstadt von Halle a. d. Saale

Pantry
kleine Küche auf einer Segelyacht

Paracelsus
Philippus Theophrastus Aureolus Bombastus von Hohenheim, genannt Paracelsus (um 1493 - 1541); Arzt, Alchemist, Astrologe, Mystiker, Laientheologe und Philosoph; propagierte die ganzheitliche Betrachtung des Menschen in der Medizin

Parergon
Nebensache

Parteitag
Treffen von Funktionären und Mitgliedern einer politischen Partei; Verabschiedung von Grundsatzdokumenten und Wahl der obersten Gremien; in den sozialistisch-kommunistischen Staaten meist Zustimmungsversammlungen für die von der Parteiführung festgelegten Strategien und Maßnahmen; der er-

wähnte VI. Parteitag 1963 leitete ein kurze Phase der Liberalisierung in Wirtschaft und Kultur ein

Paul
Jean Paul (1763 - 1825); eigentlich Johann Paul Friedrich Richter; deutscher Schriftsteller zwischen den Epochen der Klassik und Romantik

Paulshafen
Pāvilosta - Kleinstadt im Westen Lettlands zwischen Liepāja und Ventspils; ca. 1.000 Einwohner

Pegida
„Patriotische Europäer gegen die Islamisierung des Abendlandes"; umstrittene Organisation, die gegen die „Islamisierung und verfehlte Einwanderungs- und Asylpolitik Deutschlands und Europas" protestiert; von ihren Aktivitäten gehen zum Teil Fremdenfeindlichkeit, Rassismus und Rechtsextremismus aus

Pentagon
USA-Verteidigungsministerium

Perikopen
Abschnitte aus der Bibel, die für die Lesung im Gottesdienst bestimmt sind

Peter I.
Peter I. (1672 - 1725); erster Kaiser des Russischen Reichs, einer der bedeutendsten Herrscher Russlands; der Beiname „der Große" bezieht sich auf seine politische Macht und die körperliche Größe, er maß ca. 2,10 m

Petrikau
Piotrków Trybunalski - polnische Stadt mit etwa 80.000 Einwohnern in Zentralpolen (Woiwodschaft Łódź)

Philanthropie
menschenfreundliches Denken und Verhalten

Philippika
leidenschaftliche Angriffs-, Brand- oder Kampfrede; geht auf Demosthenes zurück, der zum Widerstand gegen König Philipp II. von Makedonien aufrief

Piasten
Herrscherdynastie in Polen (10. - 17. Jhd.)

Pillau
Baltijsk - russische Stadt an der Ostsee und Vorhafen von Kaliningrad (Königsberg), ca. 33.000 Einwohner

Planer
Oskar Planer (1853-1931); Lützener Bürger, sammelte Briefe und Originalmanuskripte Seumes, schrieb eine Seume-Biografie

platonisches Jahr
Zeitraum von ca. 25.750 Jahren; darin wandert die Erdachse infolge ihrer Neigung einmal durch die Sonnenebene

Plenum
lat.: „vollzählige Versammlung", Vollversammlung, Sitzung möglichst aller Mitglieder einer Institution;
hier: 11. Plenum des Zentralkomitees der SED (1965); „Kahlschlag-Diskussion" zur Jugend- und Kulturpolitik; zahlreiche Filme, Theaterstücke, Bücher und Musikgruppen wurden verboten; Ende einer kurzen Phase der Liberalisierung nach dem VI. Parteitag der SED (1963)

Pleonexie
Habsucht, Gier, Anmaßung

Plicht
auch „Cockpit"; offener hinterer Teil einer Segelyacht mit dem Ruder, den Instrumenten und Sitzgelegenheiten für Rudergänger und Crew

Podoroschne
russ.: Berechtigung zur Reise mit der Kutsche durch ein bestimmtes Gebiet, Postpass

Poniatowsky
Stanisław II. August Poniatowski, (1732 - 1798); ab 1764 König von Polen und Großfürst von Litauen; schuf polnische Verfassung von 1791; gilt als bedeutender Aufklärer

Pöppelmann
Matthäus Daniel Pöppelmann (1662 - 1736); deutscher Baumeister des Barock und Rokoko; im Dienst von Kurfürst August dem Starken von Sachsen, prägte den Dresdner Barock; berühmtestes Werk: Dresdner Zwinger; am Bau des Jagdhauses zu Kössern beteiligt

Präkognition
Fähigkeit, ein zukünftiges Ereignis oder einen Sachverhalt wahrnehmen oder vorhersagen zu können

Prewald
Predole - kleine Siedlung im Zentrum von Slowenien in der historischen Region Unterkrain

Prohibition
staatliches Verbot von Drogen; in den Vereinigten Staaten gab es von 1920 bis 1933 das landesweite Verbot des Verkaufs, der Herstellung und des Transports von Alkohol; der Konsum wurde nicht verringert, die organisierte Kriminalität machte glänzende Geschäfte; zehntausende starben durch verunreinigte alkoholische Getränke

Propyläen
Propylon - Torbau, führt in griechische Heiligtümer oder öffentliche Gebäude und Anlagen

Puschkin
Alexander Sergejewitsch Puschkin (1799 - 1837); Nationaldichter und Begründer der modernen russischen Literatur

Quas
Kwas; slawisches Bier, wird durch Gärung aus Wasser, Roggen und Malz, meist aus Brot oder Zwieback, gewonnen; geringer Alkoholgehalt

Quisquilien
Belanglosigkeiten

räsonnieren
hier: über etwas schimpfen, sich beschweren

Rawa
Rawa Mazowiecka - polnische Stadt in der Woiwodschaft Łódź, ca. 18.000 Einwohner

recht voraus
seem.: genau voraus, vor dem Bug, in der Kurslinie

Refugium
Zufluchtsort

Regina Maris
Meereskönigin

Reinkarnierter
Wiedergeborener

Rekognoszierender
militärischer Aufklärer, der die gegnerischen Truppen und Anlagen zu beurteilen hat

Reling
Seezaun, Geländer auf einem Schiff, soll Über-Bord-Gehen verhindern

Rendsburg
Stadt in der Mitte Schleswig-Holsteins am Nord-Ostsee-Kanal; verbindet die beiden Landesteile Schleswig und Holstein; ca. 27.000 Einwohner

Rødvig
Ort auf der dänischen Insel Seeland; ca. 1.700 Einwohner

Roosevelt
Franklin Delano Roosevelt (1882 - 1945); ab 1933 der 32. Präsident der Vereinigten Staaten von Amerika

Rosemeyer
Bernd Rosemeyer (1909 - 1938); deutscher Rennfahrer; verunglückte bei einem Rekordversuch tödlich; Idol der 1930er / 1940er Jahre

Rotbannerflotte
Oberbegriff für die sowjetische Marine; i. e. S. eine der vier sowjetischen Rotbannerflotten; hier: die Baltische Rotbannerflotte

Rote Armee
Land- und Luftstreitkräfte der Sowjetunion; seit 1946 offiziell: Sowjetarmee

Royal Navy
Königliche Marine Großbritanniens

Rugier
ein zwischen Weichsel und Oder ansässiger ostgermanischer Stamm

ruminieren
wiederholt erwägen, nachsinnen

Sagorsk
zu Sowjetzeiten der Name von Sergijew Possad - russische Großstadt mit 110.000 Einwohnern; gehört zum Goldenen Ring von historischen Städten bei Moskau; das Dreifaltigkeitskloster zählt zum UNESCO-Welterbe

Salacgrīva
Hafenstadt mit etwa 3.000 Einwohnern an der Rigaer Bucht im Norden Lettlands

Saling
eine Konstruktion im Schiffbau, die zu beiden Seiten des Mastes Befestigungs- oder Umlenkpunkte für die → Wanten bietet, um ihn zu den Schiffsseiten hin zu verspannen

Samuel
lt. Bibel: Prophet und letzter Richter Israels im 11. Jhd. v. u. Z.

Santorin(i)
auch: Thira; kleiner Archipel im Süden der → Kykladen, ca. 17.000 Einwohner; entstand durch gewaltige vulkanische Aktivitäten

Sarmaten
Zusammenschluss mehrerer Stämme von iranischen Reitervölkern (6. Jhd. v. u. Z bis 4. Jhd. n. u. Z)

Saul
lt. Bibel: um 1000 v. u. Z. der erste König Israels

Schären
kleine felsige Inseln, die in Kaltzeiten entstanden (Skandinavien und Nordamerika); flache, abgerundete Form

schiften
die gesetzten Segel auf die andere Seite des Schiffes holen

Schill
Ferdinand Baptista von Schill (1776 - 1809); preußischer Offizier, der als Freikorpsführer in den Kriegen von 1806 bis 1809 bekannt wurde

Schlözer
August Ludwig von Schlözer (1735 - 1809); deutscher Historiker, Staatsrechtler, Schriftsteller, Publizist, Philologe, Pädagoge und Statistiker der Aufklärung; u. a. „Neuverändertes Rußland oder Leben Catharinä der Zweyten Kayserinn von Rußland"

Schnorr
Veit Hanns Friedrich Schnorr von Carolsfeld (1764 - 1841); deutscher Maler; begleitete Seume am Beginn der Reise nach Syrakus, trennte sich in Wien von ihm

Schonen
schwedisch und dänisch „Skåne"; Landschaft im Süden Schwedens; wichtige Städte: Malmö, Helsingborg, Lund, Trelleborg und Ystad

Schopenhauer
Arthur Schopenhauer (*1788 in Danzig; †1860 in Frankfurt am Main); deutscher Philosoph, Autor und Hochschullehrer

Schwarzes Kreuz
Hoheitszeichen, das vom Deutschen Orden, von preußischen und von deutschen Streitkräften verwendet wurde; die Bundeswehr zeigt es als stilisiertes Tatzenkreuz noch heute

Sed quam misere ...
„Aber wie beklagenswert diese Tiere foltern können, hat jeder Seemann erfahren ..."

Seemeile
nautisches Entfernungsmaß: 1852 m

Serifos
Insel der westlichen → Kykladen, ca. 1.500 Einwohner

Simrishamn
Ort in der südschwedischen Provinz Skåne, ca. 6.000 Einwohner, Fährverbindung nach Bornholm

Sippola
ehemalige Gemeinde im Südosten Finnlands; ca. 16.000 Einwohner; heute Teil von Kouvola

solamen miserorum ...
„der jämmerliche Trost der Elenden"

Sounion
Kap an der Südspitze Attikas (Griechenland); Ruine des antiken Marmortempels, Meeresgott Poseidon geweiht

Sowjetzeit
Herrschaft der Kommunisten in Russland; staatlich von 1922 - 1991 als „Sowjetunion" organisiert; ursprüngliche Intuition: Räterepublik (Sowjet - russ.: Rat); durch diktatorische Führung pervertiert

Stalin
Josef Wissarionowitsch Stalin („der Stählerne") - eigentlich Dschugaschwili, (1878 - 1953); georgisch-sowjetischer Politiker, Diktator der Sowjetunion

(1927-1953); transformierte das Land unter totalitärem Zwang („Revolution von oben") aus einer Agrar- zu einer Industriegesellschaft; seine Herrschaft kostete ca. 20 Millionen Menschen das Leben; als Feldherr und Sieger im „Großen Vaterländischen Krieg" gegen Nazi-Deutschland wird er von vielen Russen noch immer verehrt

Steinsetzung
Anordnung mehrerer größerer Steine; unterschiedlichste Formen: Reihen, Kreise, Quadrate oder Schiffssetzungen; von der Jungsteinzeit bis in die Eisenzeit entstanden

Stendhal
Marie-Henri Beyle (1783 - 1842); Pseudonym Stendhal; französischer Schriftsteller, Militär und Politiker; früher Vertreter des literarischen Realismus; leitete seinen Künstlernamen aus der Verehrung des Stendaler Kunsthistorikers und Archäologen Johann Joachim Winckelmann ab; wohnte selbst mehrere Jahre in Stendal (Altmark)

Steuerbord
die in Fahrtrichtung rechte Seite eines Schiffes

Störtebeker
Klaus Störtebeker (um 1360 - 1401); Seeräuber; Anführer der auch als Likedeeler (Gleichteiler) bezeichneten → Vitalienbrüder, in Hamburg hingerichtet

Strömling
kleiner Ostseehering (bis ca. 25 cm Größe) - Clupea harengus membras L.

Sund
allgemein: Meerenge, hier der Öresund zwischen Seeland (Dänemark) und Schonen (Schweden), der die Ostsee mit dem Kattegat verbindet

Surrogat
Ersatzstoff

Suworow
Alexander Wassiljewitsch Suworow-Rymnikski (1730 - 1800); russischer Generalissimus, einer der größten Strategen der Neuzeit, schlug den polnischen Kościuszko-Aufstand 1794 nieder, Kommandeur der Truppen in Polen

sybaritisch
genusssüchtig, schwelgerisch

Synapse
Nervenverknüpfung im Gehirn, erlaubt Erregungsübertragung und Informationsspeicherung

Syrakus
Stadt an der Ostküste der italienischen Insel Sizilien; ca. 122.000 Einwohner; UNESCO-Weltkulturerbe; Ziel des Seumeschen „Spazierganges" von 1802

Telege
einfacher vierrädriger ungefederter Pferdewagen, in Russland vom 16. bis ins 20. Jhd. weit verbreitet; ohne Wetterschutz für Fahrer oder Ladung; typisches Transportgefährt der Landbevölkerung

Temperenzler
setzen sich für ein drogenabstinentes Leben ein; Alkohol und Tabak sind für sie ebenfalls Drogen

Tessin
Graf Nicodemus Tessin der Jüngere (1654 - 1728); Stockholmer Stadtarchitekt von 1682 bis 1715; erbaute das Königliche Schloss

Tetzel
Johann Tetzel (um 1460 - 1519); Ablassprediger, sein Wirken war Anlass für Luthers Thesenanschlag; ihm wird unsolider Lebenswandel nachgesagt; wegen Ehebruchs und Spielbetrugs zum Tode durch Ertränken verurteilt, begnadigt; Ausruf „Sobald das Geld im Kasten klingt, die Seele in den Himmel springt!" wurde legendär (Original: „Sobald der Gülden im Becken klingt im huy die Seel im Himmel springt")

Thelkterien
evtl. von griech. thelktikós „charmant, bezaubernd, reizvoll", Reiz- oder Zaubermittel

There are more things ...
„Es gibt mehr Ding' im Himmel und auf Erden, Horatio ..." (Shakespeare, „Hamlet", 1. Akt, 5. Szene)

Thorax
Brustkorb

Thunberg
Carl Peter Thunberg (1743 - 1828); schwedischer Naturkundler; Erforschung der südafrikanischen und japanischen Pflanzenwelt; Entomologe (Insektenkundler)

Tivoli
Vergnügungs- und Erholungspark in Kopenhagen

Tollenser
slawischer Stamm - 10. bis 12. Jahrhundert

Torneo
Tornio - (schwed.: Torneå); Stadt im Norden Finnlands (Lappland); ca. 22.000 Einwohner; unmittelbar an der Grenze zu Schweden; mit dem schwedischen Haparanda bildet Tornio eine Zwillingsstadt

Trelleborg
Stadt in Skåne; südlichste Stadt Schwedens; großer Fährhafen; ca. 28.000 Einwohner

Troglodyten
griech.: Höhlenbewohner

Troja
griechisch-antike Stadt in der heutigen Türkei; Schauplatz des Trojanischen Krieges; der deutsche Archäologe Heinrich Schliemann begann um 1870 mit Ausgrabungen

Troll
nordgermanisch „Unhold", „Riese", „Naturwesen"; übernatürliches Wesen der nordischen Mythologie, allgemeiner Ausdruck für menschenähnliches Fabelwesen

Turku
schwed.: Åbo, Stadt an der Südwestküste Finnlands; bis ins 19. Jahrhundert die wichtigste Stadt Finnlands; ca. 180.000 Einwohner; evangelischer Erzbischofssitz und Universitätsstadt

Twer
Stadt in Zentralrussland, ca. 400.000 Einwohner; rund 170 km nordwestlich von Moskau; entstand im 12. Jhd. als Handelssiedlung

UÇK
Kurzform für albanisch Ushtria Çlirimtare e Kosovës „Befreiungsarmee des Kosovo"; albanische paramilitärische Organisation im Unabhängigkeitskampf des Kosovo

Udostoverenije
russ.: Bescheinigung, Nachweis, Ausweis

Ukas
russ.: Monarchen-, Regierungs- oder Präsidentenerlass mit Gesetzeskraft

Ulfila
Wulfila (um 311 - 383); einer der ersten Bischöfe der Westgoten

Upsala
Uppsala; schwedische Groß- und Universitätsstadt; Bischofssitz ; ca. 140.000 Einwohner

Uusikaupunki
schwedisch: Nystad, deutsch wörtlich „Neustadt"; Kleinstadt in Westfinnland; ca. 70 km nordwestlich von Turku; etwa 16.000 Einwohner

Vasari
Giorgio Vasari (1511 - 1574); italienischer Architekt, Maler und Biograph, gilt als einer der ersten Kunsthistoriker, führte den Begriff der Gotik ein, allerdings in abwertender Weise („wirr, barbarisch")

Vauban
Sébastien Le Prestre, Seigneur de Vauban (1633 - 1707); französischer General und Marschall von Frankreich, Festungsbaumeister Ludwigs XIV.

Visby
Hauptstadt der Insel Gotland; Bischofssitz; ca. 23.000 Einwohner; ehemals führender Handelshafen der Ostsee

Vitalienbrüder
Seefahrer im 14. Jahrhundert; Kaperfahrer (Freibeuter bzw. Piraten) u. a. im Auftrag von Königen und Hansestädten; auch Likedeeler („Gleichteiler"), was sich auf die Aufteilung der Beute beziehen soll

Völkerbund
zwischenstaatliche Organisation mit Sitz in Genf; existierte von 1920 - 1946; Ziel war es, den Frieden durch Beilegung internationaler Konflikte, internationale Abrüstung und ein System der kollektiven Sicherheit dauerhaft zu sichern; wurde nach Gründung der Vereinten Nationen aufgelöst

Volta
Alessandro Giuseppe Antonio Anastasio Graf von Volta (1745 - 1827); italienischer Physiker; gilt als Erfinder der Batterie und als ein Begründer der Elektrizitätslehre

Völuspá
„Weissagung der Seherin"; bedeutendstes Gedicht des nordischen Mittelalters; 66 Strophen aus Stabreimversen (Stabreim: betonte Wörter eines Verses werden durch gleiche Anfangslaute hervorgehoben)

Waffen-SS
militärische Verbände der nationalsozialistischen Parteitruppe SS (Schutzstaffel); 1946 zur verbrecherischen Organisation erklärt; stellten sowohl Wach-

mannschaften der Konzentrationslager als auch Kampfeinheiten; für viele Kriegsverbrechen verantwortlich

Walhalla
Valhöll - „Wohnung der Gefallenen", in der nordischen Mythologie der Ruheort gefallener Kämpfer

Wallenstein
Albrecht Wenzel Eusebius von Waldstein (1583 - 1634); böhmischer Feldherr und Politiker; war Herzog von Friedland und zweimal Oberbefehlshaber der kaiserlichen Armee im Dreißigjährigen Krieg, fiel später in Ungnade und wurde von kaisertreuen Offizieren ermordet; Schiller schuf eine Dramentrilogie über sein Leben

Wanten
Stahldrähte, stützen einen Mast querschiffs zu beiden Seiten

Warschauer Aufstand
63-tägige Erhebung der Polnischen Heimatarmee gegen die deutschen Besatzungstruppen in Warschau im August 1944; wurde blutig erstickt; die → Rote Armee griff nicht ein, obwohl sie an der Weichsel stand

Wartenberg
Syców - polnische Stadt mit ca. 10.000 Einwohnern in der Woiwodschaft Niederschlesien in Polen; etwa 50 Kilometer nordöstlich von Breslau (Wrocław)

Wegerecht
„Vorfahrt" im Schiffsverkehr

Weichbild
historisch - der vor den eigentlichen Stadtmauern gelegene Bereich, in dem städtisches Recht galt; allgemein: Randbezirk

Weichselzopf
historische Bezeichnung für eine Zusammenballung verfilzter Kopfhaare zu einem unentwirrbaren Geflecht, im übertragenen Sinne für Gedankengänge und literarische Werke gebraucht

Wende
Richtungsänderung mit einem Segelschiff, dabei wird der Bug durch den Wind gesteuert

Westerplatte
Halbinsel bei Danzig (Gdańsk), Beschuss eines polnischen Munitionslagers durch ein deutsches Schlachtschiff, das zu einem „Freundschaftsbesuch" hier weilte, am 1. September 1939; Beginn des Zweiten Weltkrieges

Wiburg
Wyborg - russische Stadt in der historischen Region Karelien zwischen St. Petersburg und der finnischen Grenze; ca. 80.000 Einwohner

Wikinger
kriegerische, zur See fahrende Menschen aus Völkern des Nord- und Ostseeraumes im Frühmittelalter (800 -1050 n. u. Z.)

Wilhelm II.
Friedrich Wilhelm Viktor Albert von Preußen (1859 - 1941); von 1888 bis 1918 letzter Deutscher Kaiser und König von Preußen; Mitverantwortung am Ausbruch des Ersten Weltkrieges

Wilhelmina
Wilhelmina Röder, Leipziger Kaufmannstochter, in die sich Seume im Winter 1796 verliebte, die ihn aber nicht heiraten durfte; seinen Spaziergang nach Syrakus unternahm er auch, um sie zu vergessen

Windau
Ventspils - Hafenstadt im Westen Lettlands, ca. 40.000 Einwohner

Womacka
Walter Womacka (1925 - 2010); deutscher Maler, Grafiker und Gestalter zahlreicher architekturgebundener Arbeiten; war Rektor der Kunsthochschule Berlin-Weißensee; galt wegen seiner systemkonformen Arbeiten als „Staatskünstler" der DDR

Ystad
Stadt in Skåne an der schwedischen Südküste; ca. 18.000 Einwohner; bedeutende backsteingotische Bauwerke, Wallfahrtsort für Kriminalroman-Liebhaber („Kommissar Wallander")

Zerberus
Kerberos - in der griechischen Mythologie der Höllenhund, der den Eingang zur Unterwelt bewacht, damit kein Toter herauskommt und kein Lebender eindringt

Zesen
Philipp von Zesen (1619 - 1689); deutscher Dichter, evangelischer Kirchenliedschöpfer und Schriftsteller, schrieb den ersten deutschen Roman der Barockliteratur, seine Poetik hatte großen Einfluss auf die Entwicklung der deutschen Metrik; schlug für zahlreiche Fremdwörter Verdeutschungen vor

Zirzipanen
mittelalterlicher elbslawischer Stamm

Znaim
Znojmo - Stadt in der Südmährischen Region in Tschechien; ca. 30.000 Einwohner

Zuckerbäckerstil
Baustil; überbordend monumental und ornamental; vor allem die Architektur des sog. sozialistischen Klassizismus (u. a. Lomonossow-Universität und Außenministerium in Moskau)

Zwei-plus-Vier-Vertrag
Staatsvertrag zwischen der Bundesrepublik Deutschland, der Deutschen Demokratischen Republik, Frankreich, der Sowjetunion, Großbritannien und den Vereinigten Staaten von Amerika; machte den Weg für die Wiedervereinigung Deutschlands frei; trat am 15. März 1991 in Kraft; markiert das Ende der Nachkriegszeit

DEIN KURZES LEBEN

1763
am 29. Januar als ältestes von fünf Kindern im sächsischen Poserna bei Lützen (heute Sachsen-Anhalt) geboren

1770
Umzug nach Knautkleeberg bei Leipzig

1776
der Vater stirbt mit 38 Jahren, die Situation der Familie gestaltet sich schwierig

1777
Graf Wilhelm von Hohenthal wird Förderer Seumes; Besuch der Stadtschule (Lateinschule) in Borna

1779
Nicolaischule in Leipzig

1780
Immatrikulation an der Universität Leipzig als Theologiestudent

1781
Weggang aus Leipzig, in Thüringen zum hessischen Militär angeworben und an die Engländer vermietet

1782
Überfahrt nach Nordamerika, nicht mehr gegen die Amerikaner eingesetzt, Lagerleben in Halifax (Kanada)

1783
Rückkehr nach Europa, Flucht vom Militär, von preußischen Werbern aufgegriffen, mehrere Fluchtversuche

1787
Freilassung auf Kaution

1788
erstes Buch (eine Übersetzung aus dem Englischen)

1789
erneute Immatrikulation an der Universität Leipzig in den Fächern Geschichte, Jura, Philologie und Philosophie

1790
bis 1792 Hauslehrer und Erzieher bei Gustav Andreas Otto Graf von Igelström

1791
Promotion zum Magister

1792
Habilitation; Adjutant und Sekretär bei Otto Heinrich Freiherr von Igelström; Eintritt ins russische Militär

1793
Beförderung zum Lieutenant à la suite des Petersburger Grenadierregiments

1794
polnische Gefangenschaft in Warschau, vom russischen Marschall Suworow befreit

1795
Rückkehr nach Leipzig, erste Pläne für eine Italienreise

1796
Begegnung mit der Leipziger Kaufmannstochter Wilhelmine Röder, eine heftige Liebe entbrennt

1797
Ausschluss aus der russischen Armee, später in ehrenvollen Abschied umgewandelt; Hauslehrer in Leipzig;
Korrektor in Göschens Grimmaer Druckerei

1801
6. Dezember: Start zum „Spaziergang nach Syrakus" ab Grimma

1802
April: in Syrakus auf Sizilien, Rückreise über Paris

1803
Veröffentlichung des „Spaziergang nach Syrakus im Jahre 1802" ; erste schwere Erkrankung

1804
unerwiderte Liebe zu Johanna Loth, Tochter eines Rittergutsbesitzers

1805
Nordische Reise von April bis September: Warschau - Riga - Reval - St. Petersburg - Moskau - Helsinki - Stockholm - Kopenhagen - Leipzig

1806
Reisebericht „Mein Sommer 1805"

1808
schweres Blasen- und Nierenleiden; finanzielle Schwierigkeiten

1809
Fragment „Mein Leben"; politische Aphorismensammlung „Apokryphen"; beide sind postum erschienen

1810
13. Juni: Tod und Beisetzung in Teplitz (Teplice - Tschechien)

WAS ICH VON DIR UND ÜBER DICH LAS

„Spaziergang nach Syrakus im Jahre 1802" von Johann Gottfried Seume
Mit Einleitung und Anmerkungen, herausgegeben von Hermann Osterley; Leipzig, F. A. Brockhaus - 1868
Herausgegeben und kommentiert von Albert Meier; Deutscher Taschenbuch Verlag GmbH & Co. KG, München, 11. Auflage 2008

„Mein Sommer 1805" von Johann Gottfried Seume
Leipzig, Bibliografisches Institut - 1890
Berliner Ausgabe, 2013, CreateSpace Independent Publishing Platform, North Charleston, USA, 2013
bearbeitet und eingerichtet von Michael Holzinger

Johann Gottfried Seume: Apokryphen, Aphorismen
Berliner Ausgabe, 2014, CreateSpace Independent Publishing Platform, North Charleston, USA, 2014
bearbeitet und eingerichtet von Michael Holzinger

„Über das Leben und den Karakter der Kaiserin von Russland, Katharina II. mit Freymüthigkeit und Unparteylichkeit" von Johann Gottfried Seume
Altona 1797 - als Google eBook digitalisiert

„Mein Leben" von Johann Gottfried Seume - nebst Fortsetzung von C. A. H. Clodius
Taschenbuch, Zenodot Verlagsgesellschaft Berlin, 2010
digitalisiert im PROJEKT GUTENBERG-DE von SPIEGEL ONLINE KULTUR unter
http://gutenberg.spiegel.de/buch/mein-leben-4716/1

„Seume - Ein Lesebuch für unsere Zeit"
Lesebücher für unsere Zeit; herausgegeben von Walther Victor - Thüringer Volksverlag Weimar, 1954

„Johann Gottfried Seume:
Geschichte seines Lebens und seiner Schriften" von Oskar Planer
Digitale Ausgabe bei Google eBooks

„Johann Gottfried Seume: Eine Biografie" von Eberhard Zänker
Leipzig, 2005 • Faber & Faber Verlag GmbH

Von Bernd O. Wagner ist im Jahr 2014 erschienen:

„Aus Träumen wurden Meilen" - Rund Ostsee mit der Charteryacht
ISBN: 978-3-7347-4176-0

Paperback, 276 Seiten, 35 Fotografien, Preis: 15,99 €; bei AMAZON und anderen Online-Portalen sowie im Buchhandel.
Auch als e-book (5,99 €) zu erwerben.

Mit einer Widmung des Autors unter folgender Internetadresse versandkostenfrei erhältlich:
www.meilen-traeume.de

Rund Ostsee mit dem Segelboot - lange habe ich davon geträumt.
Als ich 63 Jahre alt war, wurde der Traum zum Plan, im Frühjahr 2013 zur Realität.
Mit 26 Freunden in zwölf Mannschaften segelte ich von Rügen nach Polen, Litauen, Lettland, Estland, Russland, Finnland, Schweden, Dänemark und Norwegen.
Wir sahen die alten Städte und langen Sandstrände des Baltikums, den Glanz von St. Petersburg, finnische Wälder, tausende Schären, passierten enge Fahrwasser und waren tief im Oslofjord.
Junge und sehr erwachsene Menschen teilten sich das Boot, erfahrene Segler und Neulinge wurden zu Crews.
Stille Buchten und laute Häfen, glatte See und hohe Wellen, Flaute und Sturm bildeten unvergessliche Kontraste.
Als TI AMO nach 4859 Seemeilen wieder in Breege festmachte, lagen vier Monate intensivsten Erlebens hinter mir.
Mit einem Augenzwinkern erzähle ich von der Reise , von den Freuden, dem Staunen und den Problemchen.
Meine Botschaft heißt: Lebe Deine Träume - auch wenn sie nicht von Meilen handeln.